U0099127

戀愛心指南

學會戀愛，收穫幸福

為什麼有時愛情總是伴隨著淚水？
為什麼有人在愛情中總是傷痕累累？
為什麼有的愛情總是無法開花結果……

其實

愛情只有小心培養，用心澆灌，才會開出燦爛的花，並且一生不謝。

本書告訴你如何去戀愛，做個會戀愛的幸福女孩。

參考本書的戀愛方法吧，幫助你找到屬於自己的真愛真情。

前言
Foreword

　　女孩一生中有兩次生命，一次是父母給予的，一次是男人給予的。

　　第一次生命，女孩是無法選擇的，不管你出生在哪裡，是生在貧窮的家庭或是富貴的家庭，你都無從選擇。你只能發自肺腑地感激你的父母，感謝他們將你帶到了這個世界，感謝他們無私地養育了你，感謝他們給予你充足的陽光和溫暖。

　　第二次生命，是一個愛你的男人給予的。一個愛你的男人悄然出現，預示著你將邁進第二次生命的門檻。與你相戀的這個男人，很有可能是要陪你走過後半生的人，是你人生中最親密的人。

　　所以說，愛情決定女孩的一生，愛上什麼樣的男人，會對你以後成為什麼樣的女人，有很大的影響。那麼，愛情是什麼呢？

　　愛情是一日不見如隔三秋的相思，是心心相印、兩情相悅，是讓人恨不起放不下的⋯⋯

　　古今中外的哲人、文豪、智者，都為愛情大唱讚歌。莎士比亞說：愛是亙古長明的燈塔。薄迦丘說：愛是人生中一種積極的因素，是幸福的源泉。雨果說：人生是花，而愛情是蜜⋯⋯這樣的讚頌數不勝數，所以在很多人的心中，都對愛情留下了純潔、無邪、神聖而美好的印象。

但遺憾的是，世事往往難以盡如人意。現實生活中，有些人的愛情就像一片美麗的雲，一陣風兒就能將它吹散；也有些人說愛情就像模特身上那件漂亮的衣服，人家穿著耀眼美麗，穿在自己身上就成了滑稽的小丑；還有人說愛情如流星一樣一劃而過，只留幾許惆悵、無奈和淡淡的回憶……

陷入愛情海洋中的男男女女們，往往為愛情神魂顛倒。有人因之無心工作和學習，也有人為之茶飯不思、夜不能寐，更有人在失戀後失去生存下去的勇氣……

愛情為什麼總是會伴隨著淚水？為什麼愛情總是會灰飛煙滅？為什麼我們總是傷痕累累，而不得不蜷縮在一角……

每個女孩都希望自己的愛情甜甜蜜蜜、一帆風順，但由於種種原因，卻往往事與願違。其實，愛情只有小心培養，用心澆灌，才會開出燦爛的花，並且一生不謝。

本書告訴你如何去戀愛，做個會戀愛的幸福女孩。本書理論與實際相結合，教你如何識別好男人，抓住好男人；教你如何把握分寸，愛他恰到好處……其實，戀愛方法很重要，參考本書的戀愛方法吧，幫助你找到屬於自己的真愛真情。

目錄
Contents

目錄
Contents

Chapter 06 若即若離：保持一點神秘，激發他的興趣

Chapter 07 掌握分寸：再愛他，也不要太寵他

Chapter 08 挑起激情：不斷給愛情鋪上「保鮮膜」

Chapter 09 把握自己：不要賠了感情又失身

Chapter 10 失戀不失情：讓死去的愛情入土為安吧

目錄
Contents

Chapter **01**

清醒認識：
戀愛時知己知彼

愛要現實，浪漫不能當飯吃

有一首歌曾紅極一時，《最浪漫的事》，現在還是被很多女孩子傳唱，有段歌詞是：

「背靠著背坐在地毯上，聽著音樂聊聊願望，你看我越來越溫柔，我希望你放我在心上，你說想送我個浪漫的夢想，謝謝我帶你到天堂。我能想到最浪漫的事，就是和你一起慢慢變老，一路上收藏點點滴滴的歡笑，留到以後坐著搖椅慢慢聊。我能想到最浪漫的事，就是和你一起慢慢變老，直到我們老得哪兒也去不了，你還依然把我當成手心裏的寶。」

每當看到女孩哼著這首歌，陶醉其中的樣子，不禁讓人感歎，女孩子為什麼那麼愛浪漫？是啊，生活中的女孩子個個喜歡浪漫，尤其是情竇初開花一般年紀的女孩，更是對浪漫的嚮往溢於言表。

固然追求浪漫沒有什麼錯，但不能脫離現實時時處處追求浪漫，因為浪漫不能當飯吃，如果一味地追求浪漫，最後只能得到空洞的美麗。

唐玄宗與楊貴妃的愛情故事廣為流傳，「七月七日長生殿，夜半無人私語時。在天願作比翼鳥，在地願為連理枝，」「一騎紅塵妃子笑，無人知是荔枝來。」這是何等的浪漫啊！奈何美夢很短，好景不長，馬嵬坡前，這個集萬千寵愛於一身的美女，竟被逼自縊。

南唐後主李煜，也算得上製造羅曼蒂克氣氛的高手了。未亡國之前，在宮中極盡風雅浪漫之事。每年的七夕，為了營造出牛郎織女天河相會的幻境，就命眾多宮女用紅白錦緞數百匹，舞動開來製造出一個錦緞天河，感受七夕情人相聚的浪漫氣氛。後來城池被攻

破，昔日帝王淪為階下囚，過著被軟禁的生活。那年適逢七夕，李煜緬懷昔日的浪漫不再，就感歎：「小樓昨夜又東風，故國不堪回首月明中。」被不懂浪漫的宋太宗知道後，龍顏大怒，下令賜死。

英國查理斯王儲與戴安娜王妃的婚禮家喻戶曉，看看當時的媒體是怎樣形容的：「那是給暗淡無光的世界，增添羅曼蒂克色彩的一天，全世界在為這一天舉杯同慶，歡呼喝采。數以萬計的人們暫時忘記了所有的苦難和不幸，縱情享受甜蜜和幸福之光的照射。」如此奢華恐怕無人能及。可這對受到億萬人祝福的「金童玉女」，到頭來還是好夢不長。

王子公主式的浪漫愛情，通常也是現實戀愛生活中的女孩所追求的。

在現代生活中，很多女孩都追求浪漫，尤其是戀愛中的女孩，更是如此。餐桌上一張讚美美味的紙條，週末的一場電影，時不時的一束玫瑰，不分時間場合的接吻，甚至在最沒有錢的時候，還到最好的飯店飽餐一頓，然後帶著浪漫和空空如也的口袋回家……沒哪位女孩能在這樣的浪漫中保持清醒。

但是這種浪漫又能保持多久？男人整天在外打拼，心力交瘁，女孩卻為了那虛無縹緲的浪漫而責怪男人，結果越是責怪離浪漫越遠，最終窩了一肚子氣，慘敗收場。

聰明的女孩不會這樣，她們知道浪漫不能當飯吃，愛需要現實生活做基礎。她們知道，兩個人相愛了，但不能不顧一切地拋棄塵世喧囂，去浪跡天涯，過著神仙眷侶般的生活，享受著清晨的鳥鳴，黃昏的溫馨。這樣的事情是不存在的。自古以來，有多少男女可以不食人間煙火地生活著，又有多少人能夠這樣浪漫一生？

聰明的女孩對愛情有著清醒的認識，不盲目追求浪漫。她們知道長著翅膀的並不一定是天使，有可能是個只會呱呱叫的鳥人；騎著白馬的也不一定就是王子，也可能是唐僧；在細雨中漫步會讓

人覺得很浪漫，可是淋濕了衣服要洗，弄不好還會生病，得打針吃藥；花前月下的約會也很浪漫，但是蚊子確實很多啊！

聰明的女孩懂得浪漫的真諦，懂得在平凡簡單的生活中追尋浪漫的花絮。哪怕只是一個溫柔的眼神，一次簡單的牽手，一聲再普通不過的讚美，都會讓她們滿足。其實，浪漫沒有大小之分，相同的是那一種感覺，只要感覺到位，又何必去苦苦尋求難以企及的驚喜呢？

戀愛中的女孩，想要幸福，放棄夢想中浪漫的愛情誘惑，拋棄那些不切實際的浪漫，培養自己的現實愛情吧！

戀愛指南

愛情的浪漫，最忌諱的就是虛擬與做作的痕跡太重。有時候，不經意間的些許溫柔和體貼，才是真正的浪漫。

留意月圓的日子，這時不妨來個月光晚餐，不需要美味佳餚，你自己動手做幾個拿手的菜就可以了。

把一些好笑的報紙頭條或一些情意綿綿的話，貼在他的電腦螢幕上、電視機上、電話上、冰箱上。

對方興致勃勃地談球賽、藝術活動，或其他你不感興趣的話題時，別打呵欠，試著與他融入。

買兩件花色相同的運動衫，或者一對咖啡杯，或者相同的太陽眼鏡。

對方加班時，打電話為他打打氣，或溫柔地告訴他做好了飯等他一起吃。

過節日或其他什麼紀念日時，不妨和他一起做麵包、餃子。

用另一種語言向他說「我愛你」，英文、日文等都行。

給他一件有趣的小禮物，比方一根骨頭（如果他是屬狗的），或者一個骷髏鑰匙圈。

愛情短信

　一朵花摘了許久，枯萎了也捨不得丟；一把傘撐了許久，雨停了也記不起收；一條路走了許久，天黑了也走不到盡頭；一句話想了很久才說出口：「認識你真好！」

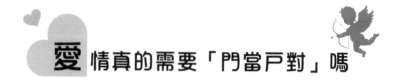

愛情真的需要「門當戶對」嗎

　　「門當戶對」是一個古老而長存，且極具爭議的社會現實問題，這個詞也一度被曲解為與愛情相對立的東西。因為《西廂記》中的崔鶯鶯和張生，在有著強烈門當戶對觀念的崔母的百般阻撓下，歷盡坎坷才終於走到一起；梁山伯和祝英台不也是因「門不當、戶不對」，而以悲劇結束嗎？於是，「門當戶對」一度為追求愛情自由的人們所痛斥。

　　但隨著時代的悄然變遷，今天卻又有人開始提倡「門當戶對」的觀念了。電影《鐵達尼號》相信大家都看過，傑克和露絲是一對「門不當戶不對」的戀人，他們的戀情以傑克的死而結束。試想一下，《鐵達尼號》一類的愛情故事即使不是虛構的，如果傑克沒有死去，他和露絲真的能夠長相廝守下去嗎？

　　從前的「門當戶對」，主要指男女雙方的家庭背景要相當，現在所說的「門當戶對」，並不單純指門第的高低，而是強調精神世界的一致性。比如男女雙方的修養、接受的教育、生活的家庭、思維方式、價值觀念等因素要般配，不要懸殊太大。諸多鮮明的事例告訴我們，有多少走過戀愛的女孩，走進了婚姻的殿堂後，才發現曾經的山盟海誓，在現實中的這些差異面前，顯得多麼尷尬和脆弱，小到起居飲食、行為方式，大到事業的追求，孩子的教育，無一不存在著衝突。

　　一個女孩在義大利出差，邂逅了一個當地的貴族青年。那一刻，他正在偷偷地給她畫像。像所有的經典故事一樣，一段美妙的愛情就此上演，他帶著她穿梭在城市的大街小巷，為她介紹自己生長的這個國家，去每一個他熟悉又喜愛的地方。在他的眼裏，女孩

被稱作「美麗的台灣公主」。

相識不足一個月，兩個人難捨難分，最終這個義大利的英俊青年，把來自東方的心上人帶到父母的眼前。「我要娶她為妻。」他的態度很堅決，與他父母反對的程度不相上下。他們很喜歡眼前這個秀氣的東方女孩，但是他的家族，無法接受一個來自異國的平民姑娘。

出差結束，女孩回國了，她的異國戀人放棄所有家庭供給追隨而來。他在台北學中文，同時繼續畫他喜歡的作品。女孩帶著他穿越台北的大街小巷，嘗遍所有的小吃，他們火熱地戀愛，從夏季到冬季，但是最後她不得不說：「親愛的，不要過於浪費這麼昂貴的畫紙了，我們快沒錢了。」一個身無分文的義大利貴族，不會心疼女友賺來的薪水，因為他從來沒有量入為出的概念。最終，他的父母來到台灣把他接走了。這段感情對他、對她同樣刻骨，但是在淚水浸泡之後，永遠成了回憶。

他們雖然彼此相愛，但不同的成長和生活背景，卻難以成就這段美麗的愛情，因為他們「門不當戶不對」。在早已擺脫了封建禮教的今天，這個詞已經很少被提起，但是生活的延續依賴一種習慣，在人們心中，卻很難完全捨棄。

一個平民姑娘，因為愛情嫁入豪門，固然可喜可賀，但是婚禮之後呢？丈夫的家族是否能長期善待出身寒門的媳婦呢？就算對媳婦不錯，那對媳婦的娘家人呢？作為女兒的她，能坐視婆家人對自己老老實實的父母冷眼相對嗎？不要以為灰姑娘的故事，一定會出現在現實生活中，即使出現了，幸福大概也只能像童話中那樣，停留在婚禮上的一剎那。沒有相當的經濟背景的話，在以後的實際生活裏，會深切地體會到兩個家庭之間的差異。

小梅上大學的時候愛上了謝可軍，卻遭到了父母的反對，原因就是門不當戶不對，小梅家庭條件優越，自小在城市裏長大，是

嬌生慣養的獨生女。而謝可軍家在農村，家中兄弟姐妹五個，生活困難。儘管父母反對，但是小梅還和謝可軍繼續戀愛，不久就結婚了。

從結婚那天起，兩人就開始了爭吵。為誰洗衣服誰做家務爭吵，小梅認為男人也應該分擔家務，謝可軍則認為在家裏，女人做家務就是天經地義的。這還不算，他們又開始為是否回農村過年爭吵。有了孩子後，孩子每年回農村都會感冒一場，這更加深了夫妻之間的矛盾。

小梅說，上大學時她一直以為愛情只是兩個人的事——兩個人在經濟上、感情上，組成一個小小的聯合體，只管生活就好了。但在現實生活中，門不當、戶不對的「城鄉結合」，給他們的生活帶來嫌隙。

正如《新結婚時代》主人翁所說的那樣：「你嫁給了他，就等於嫁給了他全部社會關係的總和。你們倆的結合，就是兩個家庭的結合，他娶了你，就等於娶了你的一切，包括你的社會關係、你的父母……」

愛情可能會在不同的人群中產生，但良好的婚姻，更多的是在相似的人中間產生。物以類聚，人以群分，在戀愛中亦是如此。

結婚雙方的家庭或本人，如果經濟、地位、學識、成長的環境等相差較大，結婚以後一般不會幸福。因為隨著時間的推移，兩人的價值觀念、消費觀念、文化、娛樂、衛生習慣、感情要求等生活的方方面面都會格格不入，他們都會堅持認為自己是對的，對方是錯的，要求對方忍讓和改變，久而久之，他們就不再是平等的關係，感情也因此出現危機。

聰明的女孩明白，門當戶對，不僅僅指雙方的權勢地位，更重要的是雙方的教育程度、工作、家庭背景，甚至宗教信仰等精神世界方面要相對一致。有著相似背景的人，價值觀比較容易一致，也

更容易磨合。

　　因此，處在戀愛中的女孩，還是清醒一點，現實一點，不要選擇與自己差異太大的男人。

戀愛指南

　　提起「門當戶對」四個字，人們通常的第一反應便是經濟上的差異，這在古代也確實是被狹隘地理解為經濟上的相當，這是那個時代的人進行婚姻匹配的首選重要條件。從梁山伯和祝英台到張生和崔鶯鶯，「門當戶對」的觀念，總是以棒打鴛鴦的醜陋面目呈現。

　　現代人把「門當戶對」，寬泛地理解為教育程度、家庭背景、人生的閱歷、生活習慣、思想觀念、經濟狀況等各方面的相當。背景和出身類似的人，似乎更容易找到共同語言，更容易走得長遠，無論是《傷逝》的時代還是 e 時代。

愛情短信

　　我是一棵孤獨的樹，千百年來矗立在路旁，寂寞地等待。只為有一天，你從路邊輕輕走過的時候，看一眼我寫滿思戀的臉。

小心，別嫁錯男人

　　找一個可以以身相許終身依靠的好男人，是女孩一生最大的幸福，然而你若是由於一時的疏忽，沒有擦亮自己尋求良伴的眼睛，誤嫁了有惡習的男人，相信即使你的性格再好，再怎麼努力，也難以得到真正的幸福。

　　林美娜是電腦碩士，中學時就鍾情班上的一個男孩，決心非他不嫁。因此，上大學時就報了和男孩一樣的學校，兩個人一直相處不錯。後來，男孩全家移民到美國，林美娜也破釜沉舟追到美國，就在他家附近的學校攻讀碩士學位。之後，男孩上班，林美娜上學，等到她碩士畢業後，兩人就結婚了。

　　這個男人一向好賭又好酒，這是林美娜早就知道的，但她就是愛這個人，覺得這也是男人味的一種表現，只要不太過分就好，而且她想結婚之後，他應該多少會收斂一點，不會再那麼荒唐了。

　　結果婚後不到一年，林美娜發現幾乎每天晚上她老公都要喝酒，而且喝得不少。每個週末還要約朋友來家裏打牌，一打就是通宵，而且連打兩天。她光是忙著招呼這群人就累得腰酸腿疼，夫妻間幾乎沒有相處的時間。

　　怎麼辦呢？這是她傾心相愛的男人，實在不知道如果沒有他，自己的生命還有什麼意義可言。而男人也告訴林美娜，他沒有什麼嗜好，就是喜歡喝酒打牌，如果不讓他做自己喜好的事，他會非常不快樂。林美娜從此做了一個決定：「愛他所愛，向他看齊。」放棄自己想要營造的理想婚姻生活，放棄自己的愛好，陪先生喝酒、打牌，加入他們的方城之戰。既然丈夫無法陪林美娜去做她喜歡的事，像是聽音樂、逛畫廊，她至少可以陪他吃喝玩樂和賭博，只要

他快樂就好了，林美娜只希望能夠和他長久廝守在一起。

幾年下來，林美娜由一個清清純純的簡單女人，變成整天煙不離手、酒不離口，身材臃腫，可以和人滔滔不絕地大談賭經的家庭主婦，生活中不再有音樂和藝術的滋潤，電腦專業也早已拋在一邊。

最後，這對夫妻決定分居，林美娜作出這個決定後，又仰頭灌下一杯酒——這是現在的她麻醉自己的最好方法。

對於一個女孩來說，一旦選錯了結婚對象，就可能會失去一切。因此，聰明的女孩要練就一雙「火眼金睛」，在你頭腦發熱之前，看看你所迷戀的男人是否有不良習慣，遇到有以下毛病的男人，絕不要猶豫，一定要及時結束這段感情。

❶ 戀母情結嚴重的男人

這類男人在心理上，可以說是跟母親的「臍帶」仍然未斷，長大成人後凡事都仍依賴母親。而他們的母親，也往往會插手兒子的生活，哪怕兒子婚後不住在一起（大多情況下，這類男人很願意與母親同住），也會加以遙控，使媳婦不勝其煩。

他們在母親溺愛下長大，順利時也能勇往直前，然而一旦陷入困境，就立即顯現出缺乏獨立意志的弱點，缺少耐力，以至全線崩潰。

❷ 志大才疏的男人

這類男人自命不凡，好高騖遠，而又沒有實際才幹。喜歡誇誇其談，自我炫耀，有了一點成績就沾沾自喜，到處胡吹。本質上缺乏穩重的氣質，顯得浮躁自負，使人對他缺乏信任感，這類男人終生不會有多大出息。

❸ 佔有慾太強的男人

這類男人視女人為自己的私有物，女友與異性稍有接觸，他就會暴跳如雷。他們不懂得尊重女人的人格，猜疑心甚重。久而久之，令人難以忍受。所以，當一個男人和你說，他因為太愛你，而不能忍受你和其他的男人說話時，千萬不要被他的深情打動。如果你嫁給這樣的男人，就等於把自己送進了一座無形的監獄，你做什麼事他都要過問。

❹ 心理陰暗的男人

這類男人說話假仁假義，外人看去並不覺得他有多大不妥，其實質上為人殘忍、不寬容，為達目的，可以使用卑劣手段而不以為恥。與這類人共同生活，會感到生活陰森可怕，危機四伏，心中蒙上陰影，終生無法抹去。

❺ 酗酒賭博的男人

這類男人自制力甚差，缺乏理智，容易被他人或環境擺佈。他們對妻子自然缺少溫存，在做他們喜歡的事時，會全然忘記妻子的存在。這類男人往往還會易怒、好勝，愛用強制手段支配他人。做這類人的太太，往往不但感受不到愛，而且還會受辱、令人難過。

❻ 「娘娘腔」的男人

扭曲的男人有截然相反的兩種，一種是「娘娘腔」，一種是大男人主義。未見面，撲鼻而來先是一股香水味，脖子上還圍著一條絲巾，說話嗲聲嗲氣，有事沒事老愛蹺著個蘭花指。這樣的男人在你身邊，你受得了嗎？和這樣的男人談戀愛，看他穿和你幾乎一樣的衣服，看他和你一起化妝，討論什麼牌子的化妝品最好，你受得了嗎？他做事婆婆媽媽，甚至使用你的化妝品、穿你的衣服，你又受得了嗎？女人天生是要男人疼的，要感受男性的陽剛魅力，弄反了就不好了。

❼ 過分吝嗇的男人

艱苦奮鬥，勤儉節約是應該的，但需要花錢的時候不花，對什麼都控制得很緊，那就會走向極端，成了過分吝嗇。婚姻的美滿感，也就無從說起了。

❽ 有暴力傾向的男人

一言不合或是一件小事惹得他不高興，就有可能招來一頓暴打。不要幻想你可以用自己的愛和溫柔感化他，當打人成為一種習慣之後，他根本不可能改變自己的這種習慣。他愛你，但是他也控制不了自己的手腳。

戀愛指南

寧可單身也不要的男人

為了避免犯不必要的錯誤，為了嫁一個好老公，女孩就要學會辨識，並剔除那些不能帶給你幸福的男人。

❶ 輕浮型

這類男人對兩性關係看得很隨便，尤其對美女會緊追不捨，追上後又會趕緊想著換下一個口味。除非你也與他觀點相同，否則你就無法忍受他的浪蕩行徑，無法忍受就會爭吵，你就休想得到安寧、和諧。

❷ 浪子型

雖說男人不壞女人不愛，但是和這種只會耍帥、耍酷，卻不能為你創造美好未來的男人在一起，是有智慧的女人絕對不會做的事。

❸ 米蟲型

　　遊手好閒混吃等死，每次出去都「剛好」忘記帶錢包，結果女方付帳。與其把錢給這種男人花，不如捐錢給國際紅十字會或綠色和平組織。

❹ 情緒化型

　　明明好好的，突然就不開心了。本來約好要去某個地方或做某件事，他卻臨時取消了。這種對事情反應過度的男人，情緒變化比六月的天氣還快。如果沒有本事讓他心情很快恢復，這種人會讓你每天的心情像海浪一樣。

愛情短信

　　用一秒鐘給你驚喜，用一分鐘給你感動，用一小時給你浪漫，用一天給你溫暖，用一月陪你溫馨，用一年和你開心，用一生去愛你！

別 抱著「完美」不放手

　　正因為有這種心態，使許多很聰明的女人，鍥而不捨地建造她們不切實際的空中樓閣，這些女人無法控制自己，她們幻想會在某時某處，猛然間發現那個他。她們不停地戀愛，不斷地捨棄，最後成了大齡女孩，仍然不放棄這種無望的追求。

　　想擁有美滿的愛情，女人就必須拋開灰姑娘的夢想，放棄不切實際的期望，學會發現、欣賞對方的可愛之處。現實一點，其實幸福並不遙遠。

　　人生不可能事事都如意，也不可能事事都完美。追求完美固然是一種積極的人生態度，但如果過分追求完美，而又達不到完美，就必然會產生浮躁。過分追求完美往往不但得不償失，反而會變得毫無完美可言。

　　有這樣一個笑話：一個男人來到一家婚姻介紹所，進了大門後，迎面又見兩扇小門，一扇寫著：美麗的，另一扇寫著：不太美麗的。男人推開「美麗」的門，迎面又是兩扇門。一扇寫著「年輕」的，另一扇寫著「不太年輕」的。男人推開「年輕」的門——這樣一路走下去，男人先後推開九道門，當他來到最後一道門時，門上寫著一行字：您追求得過於完美了，到天上去找吧。笑話當然是笑話，但是說明一個道理：真正十全十美的人是找不到的，我們不要過分追求完美。

　　追求完美，是人類自身在漸漸成長過程中的一種心理特點，或者說是一種天性。應該說，這沒有什麼不好。人類正是在這種追求中，不斷完善著自己，這顯然是好的一面。但是我們也應該意識到一點：追求完美超過了一定的度，就會變得不完美。無論何時

何地，無論何事何物，都要適可而止，如果不達到想像中的徹底完美誓不甘休，那就是和自己過不去了。完美是一句極具誘惑力的口號，卻也是一個漂亮的陷阱，是將我們陷進去的泥塘，我們卻以為是席夢思軟床。

紫凝是一個南部女孩，長得漂亮。在大學裏追求她的男生不少，紫凝也交了好幾個男朋友，但是不知道為什麼，每一個都令她很不滿意，不是這裏不好就是那裏不好。現在，同學們好像對紫凝很有意見，都覺得她是一個在感情上過於隨便的人。其實紫凝並不是那種朝三暮四的人，她也想找一個合適的人好好相愛，但不知道為什麼，她就是沒法遷就對方。

紫凝的第一個男友，在學生會擔任生活部部長，一次偶然的機會他們相識了，他愛慕紫凝的善良和美麗，於是開始瘋狂地追她。在他的猛烈攻勢下，紫凝「投降」了。然而，戀愛不到半年，紫凝就發現了他的缺點：虛榮、自私、自以為是。即使和紫凝在一起，他也總是擺出一副高高在上的派頭，這讓她很受不了。半年後，紫凝就向他提出了分手。

紫凝的第二任男友是她的學長，比她高一屆，英俊、瀟灑、家庭條件也不錯。他是舍友小虹的同鄉，那天小虹過生日，也邀請了他。看到他的第一眼，紫凝的心就怦怦直跳，那一晚紫凝一直心神不寧，他也總是有意無意地偷偷看她。後來，小虹知道了紫凝的心意，就熱心地撮合了他們倆。相愛的日子裏，她們很幸福也很甜蜜。但是，隨著交往的深入，紫凝漸漸地發現他是一個自理能力和自我約束能力都很差的人。和他在一起，很多事情都要去提醒他、幫助他，這樣的生活讓紫凝感覺很累。後來，忍無可忍，紫凝提出了分手。

在經歷了兩段失敗的感情之後，紫凝對愛漸漸失望了；於是，小心翼翼地把受傷的心藏了起來，不願再輕易地付出。然而，這時

一個男孩走進了她的生活，他是紫凝的同鄉叫劉志鵬。自從上大學以來，劉志鵬一直在默默地關注她。雖然他不是很帥氣，家庭條件也不是很好，但是他聰明、幽默，很會關心體貼人。最初，紫凝對這份感情心存疑慮，不知道他們的感情，會不會像以前那樣有始無終，她實在不想為了一份沒有結果的愛，讓自己傷痕累累的心再次受到傷害。然而，劉志鵬並沒有為難她，他仍像以前那樣無微不至地關心她、照顧她，這讓紫凝很感動，她覺得這也許就是她想要的幸福吧。就這樣，在經過一年的反覆考慮之後，她們走到了一起。

戀愛開始的時候都是幸福的，然而戀愛的結果，卻都無一例外地讓人心傷。漸漸地，紫凝覺得自己在他的心目中不再那麼重要了。孤獨和寂寞的時候，紫凝希望他能好好陪她，但他卻把更多的時間泡在了實驗室裏，他說他的家境不好，他只能好好努力，將來為紫凝創造一份美好的生活。但是她需要的不是這些，她需要的是快樂，然而他不懂紫凝的需要。就這樣，她們的感情也走到了盡頭。

平心而論，他們都是優秀的，但是紫凝總能在他們身上找到一些無法忍受的缺點。其實，經歷了這幾段感情，紫凝也在思考，這到底是他們的問題，還是自己的問題，但是她找不到答案。其實答案非常簡單：她太過於追求完美了，以至於連不完美的都得不到。俗話說：「金無足赤，人無完人」，每個人都是優點和缺點的矛盾統一體，十全十美的人是不存在的。表面上看紫凝是在對戀人進行挑剔，實際上是在對自己挑剔，她是一個具有完美主義傾向，並在戀愛中過分注重自我的人。

對於像紫凝這樣追求完美的人來說，聰明之舉就是一定要明白自己的水準和素質，自己面對的人的水準和素質，不要想得多麼美好，要明白自己能夠得到什麼樣的人，不要超越現實地去幻想，那是不明智的。

「完美」像一個美麗的影子，在我們的大腦裏晃來晃去，引導我們去進行不懈的追求。我們常常會錯誤地感覺到，會有那麼一個完美的人，在遙遠的地方等著自己。正是在這錯誤思維的指導下，我們才會錯過了一次次大好機會。所以，不要總在愛情的誤區中徘徊不前，不要在愛情的迷宮中迷失了自己，不要沉湎於想像之中的完美，希望別人擁有的，自己首先應該擁有。這樣，完美的愛情才會屬於你。

戀愛指南

如何改變過分追求完美的習慣

重新樹立評價自己的標準。改掉原來那種完美的、苛刻的、傾向於十全十美的標準，樹立一種合理的、寬容的、注重自我肯定和自我鼓勵的標準，學會多讚美自己，把過去成功的事例列在紙上，坦然愉悅地接受別人的讚揚並表示感謝。

不可偏執。要知道，執著和執迷只有一字之差，因此，心態要保持健康與平和，不要妄想，要懂得收放自如。

要量力而行。把事情控制在自己能力的範圍以內，如果超出了這個範圍，那麼就不叫「力求完美」，而叫「自討苦吃」了。

不能損人利己。提升自我、不惜代價達到目標，是新完美主義的守則，但這不是去踐踏別人，損人利己、損人不利己的事都不應該做。

不能作繭自縛。所追求的結果是讓自己更快樂，而不是訂個目標，把自己打入萬劫不復的苦牢。

風雨無情人有情，對你思念沒有停；雖然不是常見面，一樣會把你想念；發個訊息同你聊，架起一座思念橋；沒有什麼好送你，只有一句好想你！

從習慣透視他是什麼樣的男人

　　一個敏銳的女孩，會從男人的衣著預測他的心情，一個善解人意的女孩，會從男人的小動作瞭解他的需要，一個聰明的女孩，會從男人的習慣判斷他值不值得愛。你要學的就是藉助男人的習慣，透視他是一個什麼樣的男人。

❶ 吃飯時拿紙巾頻頻擦嘴

　　他可能是個工作狂，眼中只有精確的數字及完整的企劃方針。他的生活哲學之一就是：「想成功的人，一定要時時保有完美的外表。」他追求完美與精確，就連吃飯時可能沾在嘴邊的油漬及飯粒，也不容許稍停留片刻。

　　如果，你對他有興趣，千萬別一下子就靠得太近。放點兒電，讓他心裏癢癢卻又擔心出師不利，你就成功了一半！切記，這種男人喜歡有挑戰性的方向及目標，他最愛的女人是得不到的女人！

❷ 用眼神餘光看人

　　他自信、有紳士風度，長相也不會太差，因此身邊不乏漂亮的女子，但他通常不會有太長久的戀情。他待人不錯，唯一的缺點是視線從來無法固定在同一事物上太久，總是在每個可能的空間中遊移。他可能覺得用餘光看人不會被人發現。

　　愛上這樣一個男子，除了記得修身養性外，也要好好注重自己的身材外表，或許會擁有一段頗浪漫的戀情。你不用怕他花心或外遇，畢竟用餘光看人的人，膽子不會太大。

❸ 看到玩具總要試試手氣

　　他是個「老頑童」！這種人很受女孩歡迎，卻也堪稱終結殺

手。他帶著你玩遍天下之樂事，享受人生無窮之歡愉，但下一分鐘，看到新鮮玩意兒，他又拍拍屁股玩耍去了。而正當你氣得不可開交時，他又突然出現在你眼前，沒事一般地說想你。愛上他你就要做港灣，等他隨時停靠。

❹ 總喜歡牽著你的手

標準溫柔的男人，不論他外表帥不帥，口袋有沒有錢，女人幾乎都會被他的柔情所融化。他會為你煮飯洗衣按摩；他願意時時與你相伴，陪你做任何你想做的事，讓你習慣被寵愛、習慣有依賴，覺得自己就是世界上最幸福的女人！但是你要小心，他愛得深，忌妒心及佔有慾也不弱，除非你能用一輩子撫平他心中永遠的不安，否則，他隨時可能因為覺得受傷而瞬間消失。

❺ 耍酒瘋

清醒時，他可能是一個外表嚴謹，謙恭有禮，對女性尊重有加的好男人。但是，一旦他喝了酒，心中壓抑已久的男人本性便開始表露無遺，開始耍小孩子脾氣、又跳又叫……如果你對他沒興趣最好快逃，因為親親遊戲就要開始了！

❻ 不自覺地撥弄頭髮

一般人都容易做出摸弄頭髮的小動作，有此動作的男人，通常比較情緒化，比較愛慕虛榮，對流行事物很敏感但忽冷忽熱。

❼ 腿腳抖動

這類男人總是喜歡用腳或腳尖，使整個腿部抖動。他最明顯的表現是自私，很少考慮別人，凡事從利己出發，對別人很吝嗇，對自己卻很大方。但是這類人善於思考，經常提出一些意想不到的問題。

戀愛指南

男人不經意間的小動作，也能透露出他的性格特點

❶ 常常低頭

這種男人往往屬於慎重派，性格也會有點兒內向。他不會過分激烈地做事，也討厭別人過分輕浮地做事，此種類型的男人，做事習慣孜孜以求，特別勤勞，交朋友也很慎重。

❷ 托腮

這種男人一般精力旺盛，愛恨分明，喜歡思考問題。為人處世都很認真，對待兩個人的交往，更是持相當認真的態度。

❸ 兩手腕交叉

這種男人往往對待事物，通常都持有自己獨特的看法。表面上給人冷漠的感覺，事實上稍微有些以自我為中心。

❹ 手握著手臂

他們是保守派的男人，往往做事不夠理性。因為不太會拒絕別人的要求，所以常常有招致吃虧的可能。

❺ 到處張望

此種類型的男人，是具有社交性格的樂天派，有相當強的適應性，對什麼事都有興趣，總是一副躍躍欲試的興頭。

❻ 邊說邊笑

這種男人大都性格開朗，對生活要求從不苛刻，很注意「知足常樂」，富有人情味。

❼ 掰手指節

這種男人習慣把自己的手指，掰得嘎嘣嘎嘣地響。他們通

常精力旺盛，非常健談，喜歡鑽「牛角尖」。另外還有一種可能，就是他們喜歡裝酷。

❽ 拍打頭部

這個動作多數時候的意義，是表示懊悔和自我譴責。他們一般心直口快，為人真誠，富有同情心，願意幫助他人，但守不住秘密。

❾ 聳肩攤手

習慣於這種動作的男人，通常是表示自己無所謂。他們大都為人熱情，而且誠懇，富有想像力。他們追求的最大幸福，是生活在和睦、舒暢的環境中。

愛情短信

我只願，在你的理想和希望裏，能為你增加一點鼓勵，在你生活出現失意和疲憊時，能給你一點兒力量和希冀。不管怎樣，請不要忘記你還有我這個知己。

巧識男人的 10 條妙計

有一個女人叫陳小微，已經為人妻、為人母，在很多人看來她可算是一個幸福的小女人。可是有一天，她跑到一個好朋友那兒，神秘地說，她要和丈夫離婚。

陳小微一直以來，總是一心一意愛著她的丈夫和她的兒子，這樣的生活平淡真實，幸福就像是湖水般的清澈明瞭。

突然有一天，一個男人出現在她的世界裏，明明知道她有家庭，可是那個男人依然優雅地說他一直都喜歡她，他們本來是同事。男士幽默、風趣，對她更是體貼入微。而她的丈夫木訥、呆板，一點生活情趣都沒有。

經歷了一番周折，陳小微終於離婚了。一個美滿和睦的家庭，就這樣支離破碎了。丈夫歎氣，兒子大哭，她心痛。可是她已經顧不得這麼多了，她看見幸福在向她招手。

出乎意料，和那個對她體貼入微的男士結婚三個星期之後，她又哭哭啼啼地分手了。

滿臉愁容的她又來到朋友那裏，痛不欲生地向朋友傾訴著她的不幸。

原來這個男人是一個花花公子，男人對她的熱情也如曇花一現。男人的脾氣十分古怪，而且孤僻。以前的丈夫對她百依百順，現在的丈夫動不動就出手打她。實在受不了，無奈之下，他們只好協議離婚了。

年輕的女孩，初涉社會，對男人瞭解不多。那麼，一旦和男人交往，怎樣才能知道這個男人是否可以相處，甚至以身相許呢？這裏給你提供幾條妙計，不妨一試。

❶ 看他的生活用品

他的家裏是不是淩亂不堪？這或許是他一時沒空收拾房間，還是他就不愛整潔，那他將很難改變這種習慣。你必須作出決定：你能與這樣的男人生活在一起嗎？你有把握改變這種髒亂的環境嗎？

❷ 看他交的朋友

你不可能喜歡他所有的朋友，但如果你不喜歡他的大多數的朋友，這就是提醒你：他不適合你。男人結交一些女友也不是壞事，這有助於他理解女性的特點，也表明他能與異性交流。如果他只有女朋友而沒有男朋友，你就要當心了。極有可能，這樣的男人時常感到其他男性的威脅，他需要在異性面前堅定自己的自信心。

❸ 看他如何對小孩

他如嫌小孩麻煩，拒絕對小孩的親近，那他永遠不會成為一個好父親。如果他非但不討厭小孩，還樂於與小孩交談，甚至伏身聽孩子說話，趴在地板上與小孩一起遊戲，這個男人無疑將成為一個好父親，你值得與他發展關係。

❹ 看他是否守時

與他8點約會，他9點才到，說明他沒把你放在心上。他覺得自己的時間比你的時間更重要，這實際上是他缺乏對你的尊重。

❺ 聽他愛說什麼

如果他在女友面前充滿溫情地談起自己的家庭，這種男人最能打動女士。還有一類男人喜歡對別人品頭論足，看不起任何人，聽信傳言，甚至對別人的遭遇幸災樂禍，這種男人趁早離他遠點。

❻ 看他對前女友的評價

講女友壞話的男人靠不住。既然曾經相愛，為什麼要詆毀其名

譽。尊重自己以前的女友，才是大度的男人。如果他總是在你面前說前女友的好話，這還說明他仍想念她，舊情難忘。

❼ 看他對母親的態度

對母親不好的男人，你別去親近他。男人對母親的態度，就能說明他對女性的態度。尊重母親的男人，他同樣懂得愛自己的妻子。但是，要注意，如果男人過分依戀母親，言聽計從，很可能缺乏獨立性，這樣的男人很少有男子漢的氣概。

❽ 看他如何看待金錢

有的男人總是搶著付帳，這並不能證明他大方，有時也表明他想控制女友；而吝嗇、小氣的男人在情感方面，也註定斤斤計較。至於揮霍無度，經常透支，甚至負債累累的男人，千萬不可與他交往。

❾ 看他對工作的態度

從某種意義上講，男人對工作的態度，就是對生活的態度。凡是在工作上稍不順心就跳槽的男人，幾乎可以預料有朝一日，夫妻關係出現一點點挫折，他也會一走了之。

❿ 看他的心理是否健康

愛諷刺別人的男人，其實是藉貶低別人抬高自己，這類男人心理不健康。還有些男人無緣無故發火，有時沖著電視節目喊叫，還可能對餐廳服務生無禮。他可能在精神方面潛藏著隱患，有發展成抑鬱症的危險。

戀愛指南

識破男人的花言巧語

據統計，男人通常愛說以下的謊言：

我還是想跟你在一起。——即使他現在已有女友，或已有妻子。

我絕對不會告訴別人。——認識的人除外。

我會再打電話給你。——結束談話的最好方式。再打電話，下輩子吧。

你的過去我不在乎。——如果你沒做什麼壞事的話。

你是我的唯一！——唯一不知情的。

其實我剛剛一直在想你。——昨天呢？前天呢？還有明天呢？

我會讓我們的生活永遠充滿浪漫情調。——可以肯定，說這話的男人正在熱戀，或婚齡尚未滿三年。

我對愛情和婚姻永遠忠誠。——如今找個絕對忠誠的男人，不比買彩券頭獎容易。

我會一輩子照顧和體貼你。——這話好溫馨，不過它的存活期略長於曇花。

我絕對不會對你說謊！——但是也不會說實話。

如果沒有你，日子怎麼過？——過幾天看看，他還不是活得好好的？

我累了，今晚不想。——跟別人就不會。

我會照顧孩子的，請你放一百個心。——他連自己都照顧不了。

我未婚。——他有選擇性失憶症。

我真的配不上你，你對我真的太好了！——男人乞求原諒的絕招。

這一次我是認真的！——又是他的口頭禪。

相信我，我跟她已經分了。——分？是分不清楚吧！

我一定會離開她！——或許等你死了以後呢。

我是為了你好。——省省吧！要聽他說實話，等他長大吧！

你是唯一瞭解我的人。——不，你一點都不瞭解他！

我加班還不都是因為你？——跟別的女人應酬何其辛苦。

你的美充滿靈性，是照相機捕捉不到的。——因為用的是傻瓜相機。

沒有你，我會瘋掉！——他不要你的時候，就會痊癒。

我永遠不會讓你生活在謊言中。——這是好萊塢電影裏的對白，也是他永遠無法兌現的承諾。

我如此拼命奮鬥，就是為了你和這個家。——不要熱淚盈眶，他首先是為他自己。

愛情短信

　　我的祝福是花，相映你的嬌豔；我的祝福是水，流動你的清純；我的祝福是浮雪，洋溢你的無瑕；我的祝福是花香，是你暗香的浮動；我的祝福是我對你的最真誠無私的愛。

Chapter 02

內外兼修：
「上得廳堂入得廚房」

一滴香水使灰姑娘變成公主

香水被稱為「液體鑽石」，無論何時，都是女人的狂熱寵物。香水女人已成為一種極具魅力的時尚文化的標誌，讓男人，甚至女人，自己都能感覺到其中誘人的味道。毫無疑問，香水使女人變得香甜，使女人變得珍貴，使女人變得性感。

與其他味道相比，香味最能喚醒人的記憶。約會之前，就讓香味來塑造你的形象吧！當對方再度聞到屬於你的香味時，即使你並不在場，他的腦海裏也會浮現出你的身影。一滴香水能使灰姑娘變成美麗的公主，瞬間煥發迷人的魅力。

據說，早在兩千多年以前，埃及豔后就掌握了香水的奧秘。她每天都要在盛滿香料的浴缸中沐浴，並且要在身上塗抹麝香之類的動物性香料，她那妖豔的香氣征服了凱撒大帝，也迷惑了羅馬帝國統帥安東尼。

香水有著特別的個性，同一款香水噴灑在不同人身上，會散發出不同的香氣，每個人身體獨特的氣味會與香水混合，散發出屬於自己的特定的香氣。因此性格不同的人，使用的香水也不一樣，什麼樣的香水，能使你散發出淑女氣息呢？

❶ 傳統型的你

這一類型的特徵是標準的直線型身材，個頭中等，外貌端莊典雅，親和中透露理性和智慧，性格傳統且穩重。適合清雅、迷濛香型特徵的自然東方情調，推薦使用具有清新花香味的「一生之水」香水，其前味為睡蓮、櫻草、玫瑰；中味為康乃馨、百合、初開牡丹；後味為麝香、琥珀、月下香。

❷ 外向型的你

外向的人積極樂觀，豪爽奔放，生氣勃勃，不畏風險，不願對人低聲下氣，勇於接受挑戰，對新生事物充滿興趣，其人生哲學講究實際，待人接物直截了當，注重效率。外向的女士，宜選用一些比較淡雅、爽朗、富於現代氣息的香水。首選香型為新鮮的花香水果味香水，此類香水氣味清新，瀰漫著令人陶醉的花香及深沉持久的香氣，將女士活潑的個性表露無遺，是熱情奔放女士的選擇。

❸ 多愁善感的你

多愁善感的人感情豐富，具有如詩般的浪漫情懷，清風般的淡香，是她們的個性體現，比如西柚的酸楚、薄荷的溫馨、牧草的婉約惆悵，似乎都為她的善感而存在。多愁善感的你，首選香型為乙醛類香水，此類香水有的富含玫瑰花香，有的含有康乃馨、梔子花、玫瑰等，充滿鮮花的芬芳，溫文爾雅，盡展女士含蓄優雅、感性浪漫的一面。

❹ 尊貴型的你

優雅，身材適中，不是很高大，給人以圓潤的感覺。她們的性格柔和，在情感和生活上追求完美和情調，是人們常說的那種知性女子，大多會在從事的行業中出類拔萃，取得成功。這類型的女子，適用華貴、馥鬱的玫瑰、茉莉香型。

你習慣把香水擦在哪裡呢？香水擦在不同的部位，會有不一樣的香氣效果。要想使香味持久、婉約，你應該好好學學塗抹香水的技巧。

香水應用於脈搏跳動的位置，如手腕、腳踝、膝後、脖子、耳後、手肘內側等。這些部位體溫較高，活動多，會更有效地散發香氣。

　　耳後與頸後的戰略在於若有若無，塗抹這兩個地方，香氣不僅會若有若無地瀰漫，有人靠近你的耳朵或臉部時，能夠發揮效果的就只有這個地方了。

　　也可以塗抹在活動頻繁的部位，比如腳踝內側、膝蓋內側、裙擺處，這些地方可以使香氣瀰漫開來，柔和而不刺鼻。

　　不要用力摩擦剛噴了香水的皮膚，否則會很容易引起刺激；不要把香水噴在臉上，酒精對面部肌膚會產生刺激。

　　不要把香水噴在皮衣、毛衣上，香水的酒精成分會破壞這些質料，並留下痕跡，香氣也會有所改變。真的要噴香水的話，噴在內襯裏為佳。

　　別人身上的幽香，不一定適合你。因為每個人的膚質、體溫、習慣都不同，所以要根據自己的性格、身體特徵使用香水，使香水的威力發揮得淋漓盡致。

　　香水是很性感的，香水使你更淑女，更有魅力。香水也是有情趣、有氣氛、有空間的，有了香水便有了氛圍、意境以及想像力。

明星的香水味

李嘉欣

　　安娜蘇（Anna Sui）紫玫瑰香水是她最愛用的，有種神秘煙草味，給人很舒服的感覺。

　　香水味是集果香、花香、木香於一身的女性香水，由玫瑰紫羅蘭、佛手柑、青苔、柳橙、茉莉、鳶尾花、玫瑰、山谷百合等香味組成。

舒淇

她使用的香水沒有固定品牌，用什麼香水隨心情、場合而定。不過她最喜歡的是 Dior J'adore，因為她喜歡它的造型。

香水味融合了自然的植物芳香，包括柑橘、溫柏、黑醋栗、鳳梨、蜜露、蓮花、水中百合、玫瑰、茉莉、檀香、桃子、桑葚與琥珀，感覺女人味十足。

莫文蔚

雅詩蘭黛的歡沁香水是她的最愛，因為這款香水飄散著清雅的花香，好像從大自然中散發出來的。

香水味主要由幽谷百合、檀香、玫瑰、茉莉、丁香、紫羅蘭等組成。

愛情短信

每天我將純純的愛，滿滿地壓在了整張紙上，等你回來，再把它一點一點解壓，融進你心裏，那是我想你最好的日記！

打造女人味，讓他一見難忘

　　有女人味的女孩是聰明的女孩，她們明白，自己真正的力量，就在於自己的女人味。

　　女人味，到底是什麼味？男人與女孩眼中的女人味差別非常大，很多男人認為，性感嬌媚、風姿綽約、溫柔可人的女孩最有女人味，而母性的光輝、個性、自信和智慧，則是女孩眼中女人味的重要標誌。

　　不可否認這是一個張揚個性的時代。女人的性格特點多種多樣，乖巧的、天真的、率性的，不管哪種女人，只要按照自己的方式去生活，都有其優勢。但是，在傳統文化和審美標準中，有女人味的女孩一直佔有一席之地，溫柔的女人往往更容易得到男人的青睞。女人味是需要培養的：

❶ 穿高跟鞋

　　一雙合適的高跟鞋配上薄絲高筒襪，會令女性的雙腿修長、亭亭玉立、曲線突出、風情萬種，在男人眼中增加許多難以言表的魅力。尤其是穿著高跟鞋走路的女人，搖曳生姿，優雅有風度，溫柔的女人味也盡現無遺。

❷ 適度裸露

　　女孩關鍵部位露得太多，會被誤認為是「暴露狂」，不正經，如果裸露適度，則使女人更有味。如何露得恰如其分，是一門大學問。對頸部有自信的女人，穿V字領的衣服，再搭配以項鍊，即能襯托美麗的頸線；對肩部有自信的女人，不妨穿著削肩、直筒形服飾；如果擔心肩露太多，不妨綴一些花邊或是搭配肩圍；對胸部有

自信的人，可以多解開一個襯衫的紐扣。

❸ 柔聲細語

據調查發現，男女相愛，也多數源於聲音，聲音決定了愛的吸引與和諧。一個女人天生大嗓門，說話就像和人吵架一樣，肯定是缺乏溫柔的。而通過「柔情」顯示出來的聲音，輕柔曼妙，如酷暑裏的清風，寒冬裏的陽光，使人舒服，不自覺想靠近。

要想擁有柔美的聲音並不難，首先你要保持一個良好的心態，用一顆感恩的心去對待生活中的美，以平和的心去對待生活中的不如意，以寬容的心去對待愛人，心態好了，說話的語氣自然會充滿溫情。其次，你還要不斷地調整自己的高音、音強、音色，以期尋到一個最好的效果。

❹ 含蓄

有女人味的女孩，溫婉細膩，嫵媚嬌羞，最能激起男人憐香惜玉的心態，矜持的動作語言，脈脈含情的目光，嫣然一笑的神情，儀態萬千的舉止，楚楚動人的面容，總是勝過千言萬語。含蓄是造成女人味的重要方法，一覽無遺會很快失去新鮮感，含蓄反倒更能激起征服慾。

❺ 嫣然一笑

女人的微笑最能表現溫柔，彎成柳葉的細眉，嫣然一笑的神態，楚楚動人的面孔，絕對是此時無聲勝有聲。嫣然一笑，猶如桃花初綻，漣漪乍起，給人以溫馨甜美的感覺。女人微笑的美，美在你知我知不求千萬人知，美在真誠展示內心……

❻ 有情調

女人味是一種揮之不去的情調。有情調的女孩，在鍋碗瓢盆之外，還會把家裏佈置得玲瓏有致，窗簾桌布，花邊流蘇，窗明几

淨，花瓶裏即使沒有鮮花，那花瓶也一定是有的，且擦拭得纖塵不染。

❼ 恰當的軟弱

為迎合天下男人都有憐香惜玉、保護弱者的慾望，聰明的女孩要會適時地「脆弱」一下。為了滿足男性天生喜愛「保護」女性的心理特質，適當表現一下「脆弱」是有必要的。這種「脆弱」既可表現在生理方面，一副弱不禁風的模樣，也可表現為精神方面的「脆弱」，像怕打雷或者容易掉眼淚。

❽ 害羞之神韻

「猶抱琵琶半遮面」，羞澀是女性獨具的特色，是女性特有的風韻和美色。它是一種感到難為情，不好意思的心理活動，往往伴隨著甜蜜的驚慌、異常的心跳，外在的表現就是態度不自然，臉上蕩漾起紅暈。

害羞是女人吸引男人並增加情調的秘密武器，出現得適時而又恰如其分，便成媚態，是一種女性美，如一派天真的臉上突然泛起紅暈的少女，沒有哪個小夥子不會動心。但要注意此態不可「使用過度」，否則就走向負面了。

怎樣才能不被忽視

要成為萬眾矚目的焦點人物，其實一點也不困難，自己不要忽視自己，這才是最關鍵的。有心成為焦點，做起來是輕而易舉的事情。

❶ 打扮要花工夫

我們經常可以看到穿著時髦、身材姣好的女郎，連女人都會側目欣賞，更何況是男人呢？所以，想要成為眾人矚目的對象，第一步就是要花些工夫打扮。

❷ 保持精力旺盛

一個說話無精打采，或者獨自躲在角落發呆的人，其他人對她的關注又會怎樣呢？如果你想要成為焦點人物，就要保持十二分的精神。這並不是要你在任何時刻都神采飛揚，只是當別人同你交談時，能夠感受到你的精力旺盛和思路清晰，這便會給人留下深刻的印象。

❸ 展現自己

一有機會就儘量展現自己。只有盡可能地為自己做廣告和推銷，才能夠引起周圍人的重視，所以，最好的避免被忽視的手段，就是主動出擊。

❹ 消失一段時間

這一招是專門用來對付男友或老公的。如果你的任何舉動都無法引起他的注意，那就不妨「出遊」一段時間，當然並不是指離家出走，而是精神出遊。你可以不用專心地做你自己，偶爾忘記做晚餐，約會遲到，不再津津有味，而是心不在焉地聽他講笑話，當他覺察你的異常，便會乖乖地重視你、注意你了。

　　當你手機響起時，那是我的問候；當你收到資訊時，那有我的心聲；當你翻閱簡訊時，那是我的牽掛；當你準備關機時，記得還有我在為你祝福！

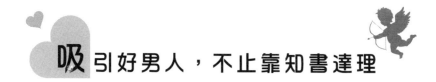

吸引好男人，不止靠知書達理

女孩真正的美，源於特有的個性和氣質。這種個性和氣質，不管是對男人還是女人，都有著異常的吸引力。也許你不能改變你的五官與身材，但你的氣質卻可以彌補你的許多缺陷。

要知道，抓住男人，靠的不只是知書達理，還要有自己的個性和氣質。在生活中，你可以從以下幾個方面提升自己：

❶ 不斷地讀書

讀書的最大好處是，獲得未知的知識和技巧、接受他人的經驗和教訓、提高個人的素質和修養。高爾基說：「書是人類進步的階梯。」單身女人最忠實的情人應該是書籍，把書作為自己進步的階梯，活到老學到老，才能一直保持自己的魅力，不與時代脫節。

❷ 努力工作

工作最基本的需求是賺取生活費用，養活自己，補貼家用。但是，現在更多的單身女人，努力工作是為了釋放自己最大的價值，在不斷的進取和成績中，獲得肯定和自我完善。她們與那些放棄工作、走入家庭的女人形成鮮明對比，她們更顯獨立自主、特立獨行，為社會創造價值，是城市街頭匆匆奔走的亮麗風景線。

❸ 鍛鍊身體

美容化妝品只能掩飾一時的缺陷，卻不能將青春留駐。而運動可以使你永遠充滿生命的活力，生活的熱情，它是自然美和藝術美的長遠結合。女人的身材隨著年齡的改變，不斷地發生著變化，有意識地運動鍛鍊，可以使你塑造自己的形體，永保健美。

❹ 適度的勤儉和吃苦

適度的勤儉和吃苦，可以把家安排得整整潔潔，乾淨俐落。

❺ 使自己說話的聲音動聽

女人的聲音以輕柔、圓潤為美，像一曲動聽的音樂，給人以無限的憧憬和回憶。有些人可能會說，聲音是天生的，我的聲音天生就不好聽，這怎麼改變？話雖這麼說，但是我們可以改變自己，注意自己說話的語調和語速，語調抑揚頓挫，語速適中如溪水潺潺流來，同樣也能給人留下美感。

❻ 不迷網路

上網是二十一世紀和人們生活息息相關的一樁事情，有的網路公司還打出「姐妹們，上網去」的口號，來專門吸引女性流覽自己的網頁。據調查，75%的人上網，除了查詢資料之外主要用來聊天，於是導致諸多問題：金錢損失，年華流逝，錯過身邊的風景，走入幻覺，與生活脫節。

❼ 適度逞強

一本書上說：「現代的男子更喜歡《莫斯科不相信眼淚》中卡捷林娜那樣爭強好勝的女子」。女人雖然不是天生的弱者，但是和男性比起來，畢竟是性情溫柔力氣弱小的。所以當男人明明知道這件事你很難做得來，又看你偏偏要做的那股勁頭兒時，你那青春倔強的美，就淋漓盡致地展現在他眼前。

❽ 熱愛藝術

女孩要學會享受藝術的啟迪。女孩學書畫，不是想當書法家，或者畫家，只是想從書畫中去感受到藝術的美，還有藝術的靈性。學舞蹈，也不一定是為了當舞蹈家，而是可以從舞蹈中提升自己的氣質。

❾ 愛花如花

美人總與花緊密聯繫在一起，美人如花，花就是美人。愛花是女人的天性，不愛花的女人缺少女人味。因此，對於女人來說，愛花就是愛自己。在愛花的女人眼中，萬般皆是有情的，林黛玉的葬花之舉，贏得了多少人的憐惜。花不可能總開，也有凋零之時。因此，女人有時高興，有時傷感，這種傷感不是為了工作，而是為了自己快要凋零的青春，這種淡淡的傷感是頗有成效的，許多男人當然偏愛如花的女人。想想，哪個男人不願成為護花使者呢？

戀愛指南

男人對女人裝扮的看法

「女為悅己者容」。然而女人努力打扮，感覺很好地出現在男人面前，卻往往不一定會得高分。你知道為什麼嗎？不妨聽聽男人們的看法：

不要穿低領露胸衣，別以為眼睛會只看天花板或地下。

假如你背後長很多「紅豆」，拜託別穿吊帶衫或露背裝。

假如你想讓人覺得有女人的溫柔，儘量別穿那種「踢死牛」的尖頭涼鞋。那鞋在天還涼時穿長褲，也就馬馬虎虎算了，配裙子或七分褲，讓人感覺不是巫婆就是「大怪小怪」。

太陽眼鏡是防紫外線的，別老在室內還捨不得拿下，讓我覺得要嘛你在偷看什麼不該看的，要嘛是我身上放射紫外線？

你當然有權參與扮嫩時尚，但也不應該弄過頭，都三十歲左右的人了，滿身荷葉邊，包上掛小熊絨毛娃娃叮叮噹噹，讓人以為是小女生。

不要穿透明衣服，假如是我的愛人，我會受不了別人的眼

光，即便是別的女人，也只能是讓我感到尷尬。

夏天女人穿衣千萬要小心，要有自知之明，肥肉一圈一圈的，就不必穿露臍袒胸的衣服來顯示了。

假如沒有精力細心呵護雙腳彩甲，就不要塗指甲油，特別是豔色的，脫落得好像舊牆掉漆似的，或者像萎了的花，這樣反而大煞風景。

雖然很流行明亮色彩，但你千萬別上下左右各一塊顏色，全身弄得七葷八素，像打翻了調色盤似的。

送給你玫瑰，代表我喜歡你；送給你巧克力，代表我想你；送給你我的吻，代表我已愛上你；今天我把我的心送給你，代表我會一心一意地愛你！

什麼樣的女孩讓他眼前一亮

「愛美之心，人皆有之」。沒有男人能忍受得了日復一日、年復一年的單調無趣，更沒有男人能忍受一個邋遢隨意、不修邊幅的女孩。相信你若是男人，你也不能！

懂得「裝修」自己，其實就是在保持自己的魅力。歲月如水流逝，從女孩到女人，很多時候不是生理上的改變，而是心理上的變化，所以，並不是歲月偷走了女孩的美麗，而是許多女孩自己放棄了美麗！生活在圍城中的女人們，你們必須清楚，犧牲也許是一種美德，但絕對不是婚姻生活中的最好選擇！你千萬不要為了愛，而磨掉了自己最動人的光彩！

男人是一個自律甚嚴、愛好乾淨的人，他也一向喜歡穿著講究、打扮得體的女孩。當初，和女孩談戀愛時，他就十分喜歡女孩那白衣勝雪、清爽飄逸的氣質。剛結婚時，女孩雖然不再像婚前那樣大肆裝扮，有時甚至是清湯掛麵，但因為整潔、因為女孩天性中的愛美，所以在男人的眼中，女孩仍然有著「清水出芙蓉，天然去雕飾」的十足韻味。

可是，隨著婚姻生活的不斷推進，枯燥乏味的生活，漸漸磨平了女孩愛美的心，女孩的表現越來越讓男人失望，特別是在女孩生了孩子以後，她整日忙碌著照顧孩子，白天洗尿布，晚上餵奶，忙得團團轉之餘，自然更是無心打扮自己，總是蓬頭垢面、邋裏邋遢的樣子。女孩似乎認為自己生了孩子，就是領了婚姻的「保證書」，所以對自己穿著打扮上的要求越來越放鬆，皮膚也不做保養了，化妝就更不用提了，頭髮也是又乾又枯，如秋收後的稻草，隨隨便便地就用一條橡皮筋綁在腦後。

　　對於衣服的選擇和搭配，女孩更是完全放棄了。夏天時，女孩會穿著睡衣拖鞋出門買報紙、買早點、買米買油買麵，冬天時則穿著一件已經完全遮住身型的肥大棉襖進進出出，而且這樣的裝扮可以一穿就是一天，有時衣服上甚至還沾著孩子的奶漬、做飯的油漬……最讓人無法忍受的是，生完孩子的女孩也不再保持身材了，任其走形，刺激男人的眼球。

　　一次，男人和女孩開玩笑說：「男人都喜歡漂亮的女孩，你不擔心我被別人勾引了嗎？」誰知女孩卻只是自負地「哼」了一聲，繼續我行我素。因為她自信她當年的「義舉」，早就「套牢」了男人——男人和女孩結婚之前，女孩的家庭條件要比男人家好得多，當初她是不顧父母的反對「下嫁」給男人的，所以，她現在十分安心地過著懶散的「黃臉婆」生活。於是，蓬亂的頭髮、龐大臃腫的身材、亂七八糟的衣服、狼籍一片的屋子，仍然不時地晃蕩在男人的眼前，讓男人從無可奈何到厭煩、到討厭、再到憤怒。

　　其實，男人也不是那種朝三暮四的人，而且他對女孩的感情和感激也確實還在。但是，當他走在街上，看到那些穿著得體、靚麗時髦的女孩時，心裏也總會若有所失，有時甚至還會想入非非。漸漸地，男人開始討厭回家，經常尋找各種藉口流連在外，而他的女孩，卻仍然一無所覺地繼續著她的「黃臉婆」生活。

　　近年來，隨著女性地位的日益提高，和女性意識的逐漸覺醒，很多女性愈來愈重視自己的容顏和裝扮，一些現代新女孩，更是立志成為「活色生香」的美女。但是，一個不容否認的事實是，像上面故事中這樣的女孩仍然為數不少！

　　這樣不修邊幅的女孩，能不讓男人失望嗎？男人也許嘴上不說，可心裏明白著呢！做女孩，一定要將美麗進行到底，時刻學會「裝修」自己，絕不能因為婚姻、因為丈夫、因為孩子、因為各種藉口，讓自己陷入理所當然的邋遢境地。因為美麗的女孩是這個世

界的一道風景，這世界因為有美麗的女孩而不會單調沉悶，美麗能夠讓你自己快樂自信，也能讓別人，特別是你的男人心曠神怡。

❶ 淡雅清秀妝

此類妝容，妝面光潔，配以乾淨柔順的頭髮、展平的眉形及單眼皮，會給人理智可信的印象，不強調嘴唇的峰谷，平滑而上翹的微笑型唇，會給人以溫和服從的印象。

❷ 雍容端莊妝

此類妝容不要化得太濃，頭髮時刻保持整齊，不要佩戴太多飾物，不可穿得太性感，會見客人時應該穿外套，身上不要有三種以上的顏色，鞋子顏色不能比裙子的顏色淺，避免超厚鞋底，指甲崩裂要修剪。午飯後，重新塗上口紅，白天噴淡香水，晚上有應酬時適用較濃的香水。

❸ 清新優雅妝

配合此類妝容，髮式不要太狂太野，每一種髮型都應有特定的性格內涵，麻花辮代表傳統與天真俏皮，長波浪則有歷經滄桑後的「成熟感」。而優雅是介於清嫩與成熟之間的完美狀態，它反映在髮式上，通常表現為光潔低挽的髮髻，不一定是規整的髮髻，隨意把長髮挽起小髮髻，同樣簡潔、動人。

❹ 自然大方妝

淡而自然的妝，才不至於拘謹。妝面要透氣，塑造臉部的立體感覺時，基礎色只是用在關鍵的局部，而不能做大面積的調整。五官造型也不要刻意精巧，要力求粗獷，但應有規有矩。眉要清晰見底，保留一點點雜毛可以增加生動感，眼睛上不用長線，不要留有明顯的眼影色，鼻子不用化妝色，而是通過基礎色來做局部定型。嘴唇可以化得大點，有言笑隨意的印象，髮型和穿著也不能太死

板。

世界上沒有醜女孩，只有懶得打扮、不敢打扮和不會打扮的女孩！而這個世界上，更沒有哪個男人，願意整日對著一個滿臉是斑、臃腫駑鈍的女孩，也沒有哪個男人會永遠把愛，放在一個不懂打扮、不愛自己的女孩身上。

記住，女孩不一定非得把自己弄得像「黃臉婆」，現在的男人，不僅需要能在家裏相夫教子的女孩，更需要一個能夠出得廳堂的女孩。真正的聰明女孩，應該是把自己收拾得乾乾淨淨、整整齊齊地讓男人來愛。

戀愛指南

完美化妝術

❶ 均勻膚色是基礎

眼瞼：上彩妝之前先使用遮瑕筆，顏色要比自然膚色深兩號。用遮瑕筆直接往眼瞼處塗，然後用指尖輕輕抹勻。

底色：將液體粉底和其他顏色混合。綠色能調節紅色的膚色，紫色使偏黃的膚色有增白的效果，黃色使膚色有光澤。

自然光澤：要達到這種效果最好使用液體粉底。首先抹在臉部中央，然後向外均勻塗開，不用撲粉。

正確手法：塗抹時要做到絕對均勻，最好最後用化妝棉輕輕吸去多餘的粉底。

❷ 唇膏成為亮點

塗抹紅色、紫色唇膏的技巧要求較高，必不可少的是唇線筆。化妝師建議用唇線筆先勾勒出唇形，用手指蘸取唇膏輕輕

上色，然後再用唇掃填滿輪廓。

❸ 胭脂光彩

　　膏狀胭脂：目前膏狀胭脂也很受歡迎，用手指打圈塗抹，能使膚色有絲般的效果。

　　發亮的胭脂：皮膚狀況不好的請慎用，因為泛光的胭脂，會突出粗大的毛孔和粗糙的皮膚。

　　沒有比人更高的山，沒有比腳更長的路，沒有問候比這更真誠，也沒有祝福比這更溫馨，更沒有比這更快的簡訊，在第一時間送到你的面前，那就是因為沒有什麼比你更重要！

做飯，從今天學起

男女談戀愛，往往會山盟海誓，男人都會對女孩說：「我會努力讓你幸福一輩子！」而女孩會對男人說：「我會照顧你一輩子！」君子一言，駟馬難追。於是男人便開始忙碌起來，努力工作，賺很多很多的錢，沒有錢你拿什麼給女孩幸福呢？女孩為了實現自己的承諾怎麼做呢？最直接、最現實的，就是為男人做一頓可口的飯菜。試想，如果你連飯都不會做，那你準備怎麼照顧男人一輩子呢？

如今，很多女孩子不願做飯，尤其是一天三頓地做，覺得那樣會失去大量恣意歡樂的好時光，還很容易被油煙燻得臉黃手糙，這和新時代的女性，嚮往更為廣闊的生活空間，和更為豐富的生活內容，是很不相匹配的，因此她們甚至以不會做飯為榮。

但你有沒有想過，一頓可口的飯菜，有時會讓男人感受到家庭的溫馨。有時僅僅是一兩道菜，都會給人留下美好的回憶。就像小時候媽媽給我們包的餃子味道拿捏得很好，因此無論走到哪裡，只要吃到餃子，我們都要和媽媽給我們做的相比，總覺得找不到媽媽做的那味兒。因此每次吃到餃子，我都會想起媽媽，想起我和媽媽在一起的日子。其實做飯雖然會浪費很多時間，但它所營造的家庭氛圍與浪費的時間相比，卻是值得的。

也許你是家裏的千金大小姐，在家裏壓根沒碰過那些鍋碗瓢盆，更別提做一手好菜了。一個男性朋友總結得精闢：「沒有不會做飯的女人，只有不願做飯的女人。就像沒有醜女人，只有不願打扮的女人一樣。」的確，只要你用心去做，一定能做好，到時候你會體會到做飯是一種幸福的享受。

盈盈和男友在大學時開始談戀愛，兩個人關係很好。盈盈是家裏的獨生女，什麼家務事都沒做過，是那種家裏油瓶倒了都不願扶的人。畢業前，她經常和男友一塊吃學校餐廳的飯菜，或者出去吃。畢業後，他們住在一起，盈盈不會做飯，他們經常出去吃，慢慢地，盈盈發現，男友回家晚了，回來後就說和朋友一起吃過飯了。盈盈感覺這樣下去不行，要想抓住男人的心，得先抓住他的胃。於是她開始學做飯，結果一天一天地做下來，竟喜歡上了做飯。男友也誇她做飯越來越好吃了，還說：「當初我媽還說我娶了個不會做飯的老婆，肯定要吃苦頭，現在看來完全沒必要擔心……」

自從盈盈開始學做飯，男友也很少和朋友在外面吃飯了。一下班就回來享受她的美餐，或者和她一塊做飯，其樂融融。

每次吃完飯，男友拍著鼓鼓的肚子，無限滿足地說：「撐死我了，偉大的老婆！」，盈盈臉上就會漾起滿足且幸福的笑容。

是啊，女孩沒有真正不會做飯的。說自己不會做飯，無外乎以下三種情況：一是家裏壓根兒就用不著她做飯，在她待字閨中的若干年裏，她一直是一個十指不沾水的大小姐，沒嘗試過做飯。二是裝不會，藉以表現自己生活水準優越，不食人間煙火。再有就是懶，說不做就不做。

無論是哪種情況，女孩都不要固執地認為自己不應該學做飯。尤其是戀愛或剛結婚的女孩，會做飯就比較容易抓住男人的心，也容易贏得男人的愛。其實，你在家做飯，也是在用實際行動告訴男人：你在外面奔波很辛苦，回家了，你可以卸下疲憊的行囊，美美地吃一頓熱乎乎的飯菜，全身心地感受到家庭的溫暖和滿足，這樣你才能有精神繼續明日的征程。

因此，聰明的女孩，即使不會做飯，從現在開始也要學會做飯。只有傳說中的仙女，才不食人間煙火呢。

戀愛指南

抓住他的胃，捍衛你的領地

　　會做飯，而且能做出一桌可口飯菜的女人，通常都不是一個一般的女人。她可能會很感性，對男人的駕馭能力往往也很強；她可能是一個看起來弱不禁風的女子，但如果她不幸遭遇了第三者的激烈挑戰，那麼她的柔情與智慧，往往會同那桌可口的飯菜一起，為她的家庭築起一道密不透風的防護牆，捍衛她的領地。

愛情短信

　　流水帶走落寞的無情，鮮花迎來真情的微笑，夜空灑滿孤獨的淚滴，朝霞營造日出的浪漫。願與你牽手，度過每個不眠的夜……

Chapter 03

主動出擊：
好男人不是等來的

白馬王子會從天而降嗎

　　每個女孩都是先看到童話裏的愛情，然後開始在愛情裏編織童話。不幸的是她們中的大多數，後來都被玻璃碎片刺破了心，開始改寫生活的散文。

　　其實，這並不是男人的錯，因為他們不過就是男人而已，「王子」是女人給他們加上去的光環。再退一步說，如果「王子」指的是「男人當中的優秀分子」，那是你削削馬鈴薯、坐在黃昏的門檻上，等就能等來的嗎？愛情難道就是女孩的一場等待嗎？

　　美琳和陳浩結婚了。身披婚紗的美琳一臉的幸福和甜蜜，大家都沖著陳浩起哄，要他老實交代，是怎麼把溫柔美麗的新娘子追到手的。沒想到美琳說，是她追他的。

　　大家都不相信，因為美琳是個性格非常內向的女孩，連主動和男孩說話都很少，怎麼會……可美琳認真地說，是真的。

　　美琳告訴大家，去年年初，她到了一家公司上班，上班不久就發現同事陳浩對自己特別關照。她晚上喜歡寫東西，熬夜多了，難免出現黑眼圈，他便在她抽屜裏放了補血養顏的紅棗枸杞茶；她無意中說自己特別怕冷，第二天抽屜裏便多了一個精緻小巧的暖暖包。

　　陳浩從來沒有表白過什麼，一切都是悄悄的，但是她知道，他對她好。

　　因為美琳是個性格內向的人，都22歲了和男生說話還臉紅，更別說主動去說什麼了。

　　直到去年十月，陳浩的父親去世了。

　　回老家前的那天晚上，陳浩似乎鼓足了很大勇氣，問美琳：一

個男孩喜歡上一個女孩，卻不知道她喜不喜歡自己，你說他該怎麼辦呢？

美琳紅了臉，她很想說，其實她也是喜歡他的，可萬一是自己自作多情，他只是隨便說說呢？畢竟他是男孩，還是等他明確表白吧。

陳浩見美琳不說話，以為她不喜歡自己，非常失落地走了。美琳很想叫住他，又怕他覺得自己輕賤，終於眼睜睜地看著陳浩離開了。

陳浩走了以後，美琳忽然有種很不好的預感，也許陳浩不會再回來了。

這個念頭一出現，美琳開始坐立不安。她這才知道自己已經深深愛上了陳浩，如果生活中沒有了他，自己將再也不會有快樂可言。

她思前想後，突然作出一個大膽的決定。

幾天後，當美琳坐車一路輾轉來到陳浩面前的時候，他簡直不相信自己的眼睛。

美琳說：「在你最悲傷的時候，我應該和你在一起。因為，我愛你。」

陳浩當場便掉下了眼淚。後來美琳得知，那時陳浩的確不打算再回來了。不久後，美琳成了陳浩幸福的妻子。

渴望幸福與快樂的女孩別再猶豫了，快看看手錶，青春可不等慢騰騰的人。山不走向你，你為何不走向山呢？給他一個機會，讓你得到你想要的愛情吧！也許，他正苦苦思索，如何得到你的心呢！

❶ 知彼知己，百戰不殆

如果你不太瞭解他，那麼就要趕快打聽經常和他來往的女孩子

是什麼類型，因為那基本代表了他的愛情趨向。如果和他經常在一起的女孩多半沉靜溫和，你就千萬不要扮野蠻女友了。同理可證，如果他交往的女孩子活潑開朗，你就不要一副弱不禁風的樣子了。但應清楚，愛情只是讓對方看到自己的優點，和願意改變的誠意，不是要你徹底地改變自己。保持你與眾不同的特點，那才是你的魅力所在！

❷ 明修棧道，暗渡陳倉

別怕他拒絕，去主動請他幫你做點什麼吧。如果他文筆好，你可以請他幫你修正潤色一些報告總結；如果他喜愛寵物，你就可以提議兩人共同養一隻寵物。兩人一起做這些事情，能製造一個雙方都參與的機會，同時，也能給以後的聊天準備一些話題。話題越來越多的時候，你有沒有發覺，你們的感情正在發生微妙的變化？

有一個女孩說：「我是先認識它，然後才認識他的。他經常在晚上帶著那隻小狗來公園散步，再以後我和它成了好朋友，接著我和他也成了好朋友。一天我們坐在長椅上休息的時候，我拍拍小狗，對它說：

「告訴你的主人，你還需要一位女主人照顧。」

❸ 「曲線救國」

如果你是十分害羞的女孩子，就用這一招吧。請一個你最信賴的朋友，婉轉表達你的愛慕之情，既保全了兩個人的面子，又不會有直接面對的尷尬。如果你不願意將自己的隱私告訴別人，那去打聽一下他的MSN號碼或者信箱，好好培養一下感情吧！網路既不會讓對方察覺你的羞澀結巴，也不會在對方拒絕時，讓他看到你奪眶而出的淚水。

❹ 借書的學問

　　你可以經常到他那兒借書，有意思的是明明借過的書，仍像新書似的借走了，還很感興趣地問他這本書怎麼樣。他會問你：「怎麼借書也不會借？一本書借了好幾次。」你可以振振有詞地說：「我是故意的，要不你還真以為我喜歡你的書呀！」

戀愛指南

單身男人藏身地圖

　　現實生活中，不少單身女孩悲呼：「我的工作性質不容易碰到男人。」的確，由於工作生活圈子的侷限，所以大齡女一大堆。那麼，單身男人都到哪裡去了？

　　（1）各種 party。不管是婚禮、葬禮、生日酒、滿月酒，還是家庭 party，你都能見到好多好男人的面孔。他們往往是朋友的朋友，大多數人遇到終身伴侶都是在這種場合。如果你只是單方面對他有好感，但是沒怎麼跟他說過話，不要不好意思，馬上讓你們共同的朋友幫你安排一次見面。

　　（2）工作場所。近一半的人都是在工作場所，遇到終身伴侶的。同一辦公室的男女常因過於熟悉而缺乏吸引力，你不妨把眼光放遠，不同部門、分公司的同事、客戶和供應商，以及一切有工作關係的單身男人，都是有可能的。

　　（3）聯誼組織。「白領單身俱樂部」、「紅男綠女」、「6人晚餐」，或者其他類似的聯誼組織都不錯。大家不那麼直接地以相親的面目出現，卻擁有單身社交的機會。即使你沒有碰到意中人，也可以結交到好朋友，說不定以後你的終身伴侶就是他們介紹的。

　　（4）商務聚會。在諸如慈善晚會、新品發布會、某某周年

慶、畫廊酒會等的商務聚會上，你可以主動自我介紹，和對方交換名片。留下你的電話號碼、E-mail、MSN，讓他可以找到你。如果你們分手後的一個星期內，他都沒有約你，你可以主動約他一次。如果他不安排第二次，就是對你沒興趣。

（5）補習班。充電拿證書，或者純粹是興趣愛好。你的同學至少跟你有類似的背景和興趣，年齡又相仿，志同道合的比率自然較高。

（6）酒吧。不建議去，特別是那種音樂響得要死、講話要大喊大叫的酒吧。在酒吧認識的男人需要打一個問號，據統計，在酒吧認識以後結婚的只有百分之一。

（7）路上。萍水相逢是韓劇、日劇裏最多的情節，現實生活中不多見，但如果你有幸遇到，可千萬別錯過。

愛情短信

　　如果我的人生是拼圖，你就是最重要的那一塊。沒有你，我的世界註定殘缺。所以請永遠留在我身邊，讓我的人生保持完整，讓我的生活沒有遺憾。

愛 的非經典暗示

　　佳明和女友分手後，心情一度沮喪，於是經常同朋友去酒吧喝酒消愁。同事美婭很久以前就開始喜歡他，可從未向佳明表白過，因為她害怕會被拒絕。

　　看到佳明如此沮喪，美婭便經常去陪他聊天，安慰他。一段時間後，佳明的心情好了很多，兩人的關係看上去也親密了不少，經常一起參加朋友的聚會，有時也會在週末結伴外出遊玩，只是兩人誰也沒有向對方表白過。美婭也不在意這些，她覺得只是一層窗戶紙而已，即使不去捅破它，也會被時間融化，愛情便會自然而然地到來。

　　半年後，佳明被公司派往大陸，負責分公司的業務。美婭還留在原來的公司。兩人也經常發發簡訊，打打電話聊天，互相問候，但並沒有那種情人間的親暱。

　　佳明調走後不久，美婭鼓起勇氣到大陸去看他。雖然深感意外，可佳明見到美婭後高興極了，專門請了一天假和美婭一起到附近的一個海島上玩。美婭此次來大陸，主要是想藉此機會向佳明表白她的真心。可是天公不作美，沒有眼色的佳明始終不給她機會，最後還是把美婭送上了回去的飛機。其實，佳明在看到美婭後，也是心跳加快，但他什麼都沒有說。

　　美婭在回家的路上心想：佳明的眼光始終向著別的地方，也許是因為他還是念念不忘舊女友，還是把自己當成普通朋友。美婭不得不決定打消念頭，忘掉佳明和有關他的回憶。

　　五年後的一天，佳明和美婭無意中重逢，雙方才知道原來自己也曾是對方的心上人。幸運的是兩人都還沒有結婚，也因為這次重

逢，最終走到了一起，可回頭看看，白白錯過了五年的光陰！

這又能怪誰呢？一切皆因兩人都等待愛情的到來，而不願去主動爭取！

愛情不是一件與生俱來的事情，它也不會自然而然地發生。更多的時候，愛情是主動爭取來的。

有一位長相很普通的女孩，經一家婚介公司介紹，認識了一位同行業的男士。他們第一次約會時，由於女孩說話得體，彼此又有許多工作上的心得，雙方聊了很長時間。分手時，女孩主動要求交換電話號碼，出於禮貌男士答應了。

第二天，男士因商務赴歐洲，他在出發前給婚介公司打電話說：「女孩人不錯，但長相不是很吸引我。你們再幫我留意別的女孩吧！」

沒想到兩個星期後，他走出機場時，竟看到了捧著鮮花來迎候他的女孩。「我打電話到你家，你媽媽說你今天回來，我就來等你了，你不會不高興吧？如果你很介意的話，我道歉，你還把我當成是你的一個普通朋友！」

望著精心修飾過的女孩，男士有些意外，又有些感動。在以後的日子，女孩用比較自然的方式接近男士，男士覺得和她在一起心情很放鬆，漸漸地，他覺得女孩變美了，不久後，他愛上了她，並最終和她一起踏上了婚姻的紅毯。

愛情的發生，不是兩人在一起開心就行了。即使兩人彼此都「心照不宣」，也需要有一個人主動把「我愛你」這三個字說出來。別小看那一層小小的窗戶紙，要是雙方都不去主動捅破，也許你們這一輩子就被它堵在愛情的門外。

一般來說，「我愛你」應由男方主動說出來。可是，萬一你碰上的那個男人，是塊不開竅的「木頭」，雖然愛你愛得死去活來，也不願主動向你表白，你又有什麼辦法呢？難道就眼睜睜地看著這

段愛情被「窒息」掉嗎？

當然，向對方表白有些冒險，萬一對方對自己的好不是出於愛情，那不就糗大了。也許他會當面嘲笑你；也許在接下來的日子裏，他會像躲避病毒一樣躲著你……

聰明的女孩自有辦法，既能讓對方知道自己的心思，又不會表現得像個傻瓜。略施小計，就能使愛情巧妙開局。例如，下面的幾個方法都可以一試：

❶ 用眼神發出無聲但又強烈的資訊

迅速地看他一眼，在他的臉上「掃描」，注意不要盯著他看，要讓他意識到你在觀察他，但又不會覺得被人死盯著不放。如果他返回的資訊是，把視線從你身上移開，那就可能是對你不那麼感興趣。

❷ 「碰一下就跑」

經常有意無意地與他進行一點點的肌膚相觸，然後就走開，讓他知道你在乎他。要注意的是，每一次接觸都要迅速，不要讓他覺得你很輕浮。這樣他才不會覺得討厭，但會開始注意並考慮你。漸漸地，你就會進入到他的私人空間了。

❸ 說一些恰到好處的悄悄話

在說話時聲音比平時稍微輕柔些，他就不得不湊近些，聽你到底說了些什麼。在說話時經常說出他的名字，也能使雙方的談話變得親密許多。

❹ 建一張神秘的網

和他在網路上神聊，也是一個好的方法，可以很快由一本正經發展成無話不談。如果他不配合，那麼你就迅速來一句「拜拜」，然後抽身而出。

總之，任何時候，天上都不會掉下錢來，愛情也一樣。不要相信所謂的「姻緣天註定」的說法，走出去，主動去尋找愛情，也讓你有被愛情光顧的機會。

戀愛指南

哪種示愛方式最適合你

假如你在一家精品店裏，看到一件自己十分喜歡的擺設，但價錢實在太貴了，你會怎樣跟老闆講價呢？

A. 直接請老闆賣便宜點。

B. 請朋友也在此買東西，一起付款叫老闆算便宜些。

C. 站在物品前面按兵不動，直至老闆主動減價。

D. 來來回回好多次，待老闆自動減價。

E. 算了，忍痛以貴價買下來。

測試結果：

答案 A：

你是那種想做就去做的人，你一貫認為做事就是要乾脆，所以你會大大方方地站在對方面前，告訴他你喜歡他，絲毫不會在背後扭扭捏捏地做一些小動作。矜持對你而言，不如直率有效。

答案 B：

你做事有點兒無賴，但卻很有耐性。表白時，千萬不要耍無賴，要察言觀色，發現對方面有難色，千萬不要當場強求，把事情弄僵。反正你有好的耐性，一次不行，下次再來，對方在逐步地瞭解你的情況下，一定會被你所感動的。

答案C：

你是一個依賴朋友的人，你會很在乎朋友對你的感情的看法。但是談情說愛畢竟是兩人之間的事，雖然平時可以找朋友幫你說盡好話，但到了表白時，最好單獨行動。

答案D：

你欠缺自信，很多時候你有這個心沒這個膽。要你坦白示愛實在令你難以啟齒，寫情書反而更有效，在信中真摯地表達自己的情感，對方看完後將會被深深感動。

答案E：

你是那種期待對方明白你心情，然後主動向你示愛的人。你的膽子比較小，連還價都沒有勇氣，又豈能指望你向別人表白！你根本就很難要求自己去坦白什麼，認為示愛的事情，還是丟給那些男人吧！

愛情短信

不要因為也許會改變，就不肯說那句美麗的誓言。不要因為也許會分離，就不敢求一次傾心的相遇。總有一些什麼會留下來的吧，留下來做一件不滅的印記。

表達愛意有技巧

　　向喜歡的人表達愛意，這是一種最甜蜜、最微妙，也最傷神的情感活動，時機成熟時，不要躲避，不要扭捏，要勇敢、果斷地道出你的愛意。

　　有一個女孩叫韓雪，在大二的時候喜歡上一個叫峰的男孩，但是她生性靦腆，不知道如何向對方表達。在她的意識裏，女孩子應該內斂、矜持，否則就不淑女了。她把自己的想法告訴了閨中好友，好友說：「現在都是什麼年代了，做淑女也要做新時代的淑女，有了愛就要勇敢說出來。」韓雪覺得好友說得有道理，但是她覺得直接告訴對方不太合適，就想了一個方法來表達自己的愛。

　　韓雪翻拍了一張峰的照片，放在自己的桌子上。一天峰來玩的時候，她讓他到桌前坐下，然後藉口洗蘋果出去了。峰在翻看桌上的書刊時，看到了下面自己的照片，他很吃驚，但心裏也很高興，其實他也喜歡韓雪。這時，韓雪看到他在看照片，就湊過去道歉說：「不好意思，我喜歡就這麼做了，如果你不高興，我馬上撤掉好了。」峰卻慌忙說：「別，別，挺好的，其實我家裏有更好的，明天我拿給你啊！」

　　一些女孩子遇到中意的男孩，儘管想結識對方，卻感到難以啟齒。「叫我去做搭訕那種事？我不敢。」她們認為女孩就應該表現得很含蓄、矜持，否則就與淑女無緣了。其實不然，真正的淑女敢於表達自己的想法，敢於爭取自己想要的東西。

　　為了追求明朗的愛情，試著開口打破僵局，即使被冷眼相待也不要氣餒。要抱著「我年輕，什麼都不怕」的觀念，主動跟對方打招呼。就這麼簡單，去做就對了。

談情說愛是有技巧的，以下的幾點供你參考。

❶ 找出你特別的表達方式

要想使自己語言充滿魅力，就要經常注意自己語言的變化，不要總採取同一種說話方式，而應以種種方式表現一件事或一種心情，使你的語言表達充滿個性特徵。例如在炎炎夏日，你和你的男友走在街頭，你就應該避免說：「熱死我了，找個有冷氣的地方吧！」而應該說：「哇！好熱，我快要被烤焦了。」或者採用幽默的口吻說：「現在我真想去北極滑雪！」你的男友聽了，或許會使他因酷熱而不悅的臉上展露笑容。

❷ 交談中不要成為被訪者

如果你不善言辭，而男方善於交談，那麼男方便會利用你逢問必答、不識巧辯的弱點，很快就洞悉你的內心世界，探知你的過去、現在，瞭解你的性格、好惡、習慣。你在戀愛中，要是不懂得假以辭色，又不想暴露自己，不妨試試這個小技巧，就是遇到不願意坦白回答的問題時，只需反問：「你呢？」將皮球踢給對方，反客為主。不要因為自己不善言辭，把自己變成一個被訪者。從交談中認識別人，勝過被人認識。

❸ 適當地引用比喻

當你的男朋友約會遲到的時候，你也不妨撒嬌地比喻一下說：「一日不見，如三秋兮！你遲到了十分鐘，我快要變成一個老太婆了……」你那文雅而又俏皮的比喻，想必足以激發他那憐香惜玉之心。

❹ 適當使用感歎詞

「太好了！」「好棒喲！」「真可怕！」這些一般都是女孩子說話時，常會冒出來的感歎詞。當然這也是感情洋溢的表現，不

過，若是聽多了，會讓人覺得厭煩，也顯得說話人太幼稚。

一句話若沒有抑揚頓挫，則流於平淡，引不起對方的興趣。若能添一些感歎詞，則能增加彼此之間談話的氣氛。不過也要適可而止，過多的感歎詞，亦會抹殺言語的重要性，使對方不能分辨你的意思。

❺ 偶爾提及對方的名姓

心理學上認為，談話時偶爾提及對方的名字，或稍稍提起對方說過的事情，將會觸發對方高談闊論的慾望。假如對面坐的是你的男友，他除了有繼續說下去的慾望之外，心裏一定認為：「啊！她原來對我是這麼細心……」

❻ 不要只做「應聲蟲」

要想使男孩子對你傾心的話，在他高談闊論時，耐心傾聽自然會使他感到十分愜意，為有你這樣一位溫柔女伴而自豪。但是如果你一味地「嗯」個不停，就適得其反了。

女孩最有魅力的傾聽方式，應當是在認真傾聽的時候，不時地附加一些適當的感歎詞，如：「真的嗎？」「太棒了！」「太精彩了！」那感覺就不同了。

戀愛指南

主動出擊也要講究分寸

「男追女，隔座山；女追男，隔層紗」。女孩主動出擊「獵取」愛情，固然是比較容易達成所願，但是如果沒能把握好分寸，也容易弄巧成拙。所以，在採取主動方式時，也要講究一些分寸。

（1）身體誘惑的招式不能用。不要以為用暴露身體的辦法來接近他，就能夠得到他的傾心，如果他只是起了色心而沒有動真心，那就是被占了便宜還沒能達成所願，豈不是吃了大虧。

（2）貶低自己的招數不能用。為了得到男人的青睞，恨不得把他捧到天上去。於是不僅甘願做起了他的褓姆，開始對他照顧入微，還將自己貶低到塵埃中，常常用「我配不上你」、「我可以等你」之類的話來鼓勵對方。這樣的方式只會培養他的高傲情緒，就算結果如你所願，但這樣的愛情，得到之後他也會振振有詞地用「你是死纏爛打」一類的話來攻擊你，「幸福」不會持久。

（3）吹噓和炫耀的招數不能用。為了讓對方看到自己的優點，就一個勁兒地把自己的傑出表現放大，這不但不會使他對你產生好感，反而會讓他就此遠離你，因為你太「優秀」了，而沒有一個男人想要生活在一個比他強百倍的女人身邊，永遠找不到優越感。

（4）該放手時，就應當放手。如果在主動追求的過程中，他總是拒絕你的邀請，或者有心避開你，那就很明確地表露他的心思——對你沒有意思。所以遇到這樣的情況，就不要再鍥而不捨了，把握好尺度，該放棄的時候就應當放棄，否則只會讓自己顏面盡失。

主動出擊也要把握時間，如果在你努力了一段時間後，他並不能如想像中的那樣接受你，或者不在公開場合承認你，並不用任何語言表示愛慕或喜歡你，也沒有任何細節表示對你的關心愛護，那就說明你的主動出擊策略失敗。不管他是習慣你的關心、照顧，還是怕說出拒絕的話會傷害你，但有一點是肯定的，他已經用另一種方式拒絕了你。所以，意識到這一點的

你，就應當再主動一次——主動放棄。

　　人的需要其實不多，一杯清水，一片麵包，一句我愛你！不過，如果可以給我多一點的選擇，我希望水是你斟的，麵包是你給的，「我愛你」是你親口說的！

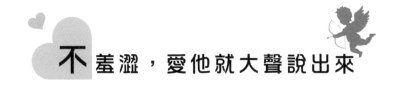

不羞澀，愛他就大聲說出來

生活中我們常能聽到這樣的話：

「我是一個 21 歲的女孩，喜歡一個男孩，卻不敢跟他說，怕他拒絕，我很困惑。」

「我喜歡一個男人，不知道怎樣才能讓他明白我的心意。」

「我愛上了我的同事，他很有氣質，我不知道怎麼辦？我好沒自信。」

被愛情「撞」上的女人，總是這樣苦惱。或許因為羞澀與矜持，而很難向所愛的男人開口；常常安靜地藏在角落裏，幻想、猜測、等待、壓抑……其實，這是一種錯誤的生活態度。生活充滿混亂和無序，只有積極地面對，主動爭取才能撥雲見日，對待愛情更應如此。其實許多男人喜歡在感情上主動一些的女人，因為男人在愛情方面有點「白癡」，所以說：女孩別羞澀，愛他就大聲說出來。

那麼如何去「說」呢？這需要掌握示愛的方法和技巧，使自己能夠在甜蜜的愛情之路上心想事成。示愛的方法和技巧多種多樣，歸納起來有兩種：含蓄羞澀式和直露大膽式。

含蓄羞澀式的示愛，主要是利用某些言行，含蓄地向對方傳遞愛的資訊，使男人在接收到這些資訊後，反覆品味方悟其真，最終達到一種欲說還休，朦朧暗示，雖隻言片語卻心意瞭然的境界。

作為男人，遇到喜愛的女人時「愛就要說出來」。如果雙方都矜持著不肯捅破這層紙，那麼除了擦肩而過，不會有更好的結果。如果男方是一個較慎重的人，實在不能面對被拒絕的設想，那麼就要注意觀察女方的言行舉止，往往是能夠看出一些端倪的，這樣就

能避免貿然表白，而遭遇被拒絕的尷尬。

　　一位男子與一個女人相互愛慕，但他們都是較內向的人，誰也不肯先向對方表達心意，擔心會遭到拒絕下不來台。幸好男方是一個較有心計的人，他通過種種跡象認為女方也對自己有意，於是就前去試探。

　　他問女方：「像你這麼溫柔可人的女孩，追求你的人一定不少吧？」女方有些不好意思地搖搖頭，說一直都是形單影隻。

　　男的趁機問道：「你喜歡什麼樣的人，我替你留意！」

　　女方就把心目中的理想伴侶的形象描述了一番，男子聽後大喜：這不是與自己的各方面條件完全相符嘛！於是，男子當即表達了愛意，女方則痛痛快快地接受了。

　　相信讀者會為故事中的男女主角捏了一把汗，擔心他們真的就此錯過。不過，結局是讓人興奮的，也告訴了讀者一個真理：愛就要說出來。

　　愛情最直接有效的一種方式，就是用言語說出來，不要輕視這一句簡單的話，它能將所有愛的資訊，全部地透徹地傳遞到對方心底。經過表達的愛情，才被賦予了生命，有了意義深刻的靈魂。

　　愛情的表達不一定昂貴，不一定耗時，一起生活久了，愛情的表達，或許就變成一些細小的生活習慣。比如為愛人沏一杯熱茶，給愛人掖好被角，跟愛人開一個玩笑。當然，茶可能太燙，被角可能沒有掖的必要，玩笑可能稍顯粗俗。但是，千萬不要拒絕。因為你拒絕的，已經不是一個動作，而是愛情。我們要知道，一碗熱湯的關懷，絕不比玫瑰所表達的愛分量輕。

　　生活如水般波瀾不驚，平平淡淡，緩緩地流過男人的額頭和女人的眼角。不知不覺間，歲月的紋路就爬上了曾經年輕的面龐。有條不紊的時光中，愛情很容易變得靜如止水，失去韻律和色彩。適時地表達愛情，不僅能換回逝去的溫情，而且它還是生活的調味

劑，讓每一天都沉浸在期盼和喜悅中。

為愛人說的一個老掉牙的笑話而捧腹大笑，看報紙雜誌時剪下他喜歡的文章送給他，記得每天都說早安、晚安、再見，與他共用他感興趣的球賽或其他活動，和他一起在廚房做一頓飯，鄭重其事為一件小事謝謝他，給他買一些古怪有趣的小禮物，記得他父母的生日……這些都是生活中細碎的事情，卻可以讓愛人從心底感受到你的愛。

愛情的表達，就是為了給對方看自己的那顆心，看那顆心裏的愛戀、溫情、惦記和顫動。對平平常常的人來講，這種以心換心的事，最好是以樸素的、細微的、綿長的方式進行，這才和我們樸素的、細微的、綿長的生活更加吻合。

「我愛你」是人間最美好的語言。戀人之間一句「我愛你」，常常是情感升溫的開始。夫妻之間一句「我愛你」，往往是愛情保鮮的秘方。愛要說，要讓對方明白你的愛意；愛也要做，以證明你愛的深度。

戀愛指南

如何傳遞愛情資訊

（1）通過眼睛傳遞。心理學家指出，當人們看到自己喜歡的對象的時候，瞳孔會自然放大，這是非自主神經控制的視覺本能。一般來說，對自己喜歡的或者感興趣的事物，目光注視的時間會長一些，這種注視截然不同於淡漠與敵視的眼神，有心理學家認為異性之間的眼睛，正視對方的時間超過10秒鐘，那就有愛的成分了。但是，這不是絕對的秒數。當然也不排除對傾慕對象的偷視，遮人耳目。

（2）通過語言傳遞。語言傳遞需要技巧在裏面，一不小心就會前功盡棄，後悔不已。所以在用言語表達愛意的時候要妥貼，要激起對方的心潮，喚醒對方的愛意。表達愛情之初，語言要儘量簡短、實在、動情，切忌那些被人說爛了的奉承與虛假之詞，還是以誠懇、樸實、真誠的語言為好。隨著兩個人關係的加深，語言就可以輕鬆詼諧帶有趣味性了。與情人說話語調要柔和，措辭要熱情俏皮。幽默是愛情的潤滑劑，生活中離不開幽默的滋潤，所以不要小瞧幽默的力量啊。

通過實際行動傳遞。最為實惠可靠打動人心的，就是實際行動了。日常生活中一個小小的關切與幫助，就會贏得他（她）的感動與回報。當他（她）冷的時候給他（她）加件衣服，當他（她）渴的時候遞上一杯熱水，當他（她）需要你的時候，你就站在他（她）的身旁，當他（她）脆弱的時候，就給他（她）鼓勵與支持，這是實實在在愛的傳遞與感動，在這個時候，誰又會拒絕你的愛與關心呢？

（3）通過書信傳遞。主要是通過書信表達愛情，應含蓄、深刻。這是一種比較古老的表達方式了，現代人學會了現代工具，已經將這種手寫方式，改為 MSN 聊天和手機簡訊等形式。看著一句句貼心的話語，內心掀起無限漣漪，嘴上無法掩飾的微笑，就已經默認了他（她）對你的讚賞與認可。

愛情短信

　　容顏隨歲月消逝，真愛因真情不變，喜歡上你因為真心，愛上你因為真意，天荒地老的諾言一旦許下，此生不渝，請相信我，我會帶給你幸福。

楚楚「可憐」，使他成為你的護花使者

在我們生活周圍，經常可以碰到這樣的女孩：她們遇到「帥哥」或心儀的男人，會說：「你的眼睛裏會有我這種人啊！」或者說：「像我這樣不起眼的女孩，誰會請我喝咖啡呢？」如此等等，這就是聰明女孩的手段，也許你認為這樣的女孩有些壞，但不得不承認這樣的女孩也很動人。為什麼呢？因為她能以柔克剛，符合女人「守」的本性。她們把「柔」的情意和「弱」的形態全拋擲在你面前，作為男人的你就得有紳士風度，見「弱」就「扶」，否則還算什麼大男人呢？

在朋友眼裏，約拿和蘇珊是郎才女貌、很般配的一對。約拿大學畢業三年就事業有成，蘇珊更是不可多得的文武雙全的才女，不僅燒得一手好菜，精於家務，在工作上也絲毫不遜，是公司的骨幹。

約拿身邊經常有美女縈繞，但當她們得知約拿有一個德才兼備、文武雙全的女友蘇珊時，都紛紛知難而退。即使有人敢同蘇珊一較高下，最終也都會敗下陣來，因為在約拿眼中，沒人會比蘇珊強。而對於這點，蘇珊也並不謙虛，她的確是約拿心目中最厲害的角色。

但是，沒有想到的是，就是這樣郎才女貌，被人當做榜樣偶像的一對，卻被意外地拆散了。是什麼樣「狠」的角色拆散了他們呢？朋友紛紛猜測著。結果卻出人意料，奪走了蘇珊男友的並不是什麼能力出眾的女強人。相反，打動約拿的，讓他義無反顧地跟蘇

珊分手的女孩，偏偏是一個弱女子。

蘇珊怎麼都不能相信她會輸在這樣一個弱女子手中，更不明白那個女孩什麼地方比自己強，讓約拿那麼絕情地選擇離開。分手那天，蘇珊依然倔強，儘管心中難過萬分，有種肝腸寸斷的感覺，但表面上她依然故作堅強。

「我能知道為什麼嗎？」蘇珊想要知道自己敗給那個女孩的原因。

「你是個堅強、厲害的女孩。在我認識的所有女人當中，沒人能勝得過你，正因為如此，我也相信我離開你，你也依然能過得很好，你不需要別人來照顧。她則不同，如果沒有我，我想她會過不下去的！」約拿的語氣中帶著一點點歉意，但卻十分堅決。

蘇珊鎮定地回頭不去看約拿，但聽到約拿關門的聲音，眼淚再也止不住了。

約拿的口中的「她」，是他同事的前女友，蘇珊見過的，那天在公司門前，「她」由於忍受不了男友提出分手的打擊而暈倒，恰巧被約拿看到，約拿還好心地把「她」帶回家請蘇珊安慰。對於「她」，蘇珊沒有敵意，也沒有嫉妒，因為在她眼裏，「她」不過是個弱女子。然而就是這樣的弱女子，搶走了自己固若金湯的感情。

儘管現代社會強調男女平等，女人要獨立，但也不必為此，把自己鍛鍊成十項全能般的女強人。太強的女孩會傷害男人的自尊心，而柔弱可憐的女孩能夠激起男人的保護慾。也就是說柔弱「可憐」的女孩，更容易讓男人感到存在的意義，讓男人發揮應有的責任，讓男人擁有展現魅力的機會，讓男人擁有成就感。

聰明女孩知道在適當的情況下，女人就應該發揮她內在的氣質——柔弱似水的一面，做一個普普通通的女人。這樣，好男人才不會被嚇跑。

聰明女孩懂得隱藏自己的鋒芒，這樣才能夠讓男人在自己身邊，顯得更加偉岸高大，給了男人面子，也就給了自己面子。就算她擁有洞察世事的火眼金睛，她也會裝傻放過。

聰明女孩也懂得應用自己的眼淚，因為她知道女人一哭，就得到了全世界，裝可憐能夠激起男人的保護慾。當女人看上去「可憐兮兮」時，男人就有一種想要保護她的衝動，自然就輕而易舉地贏得了好男人的心。

總之，即使心思細膩、才華過人，只要遇到好男人，聰明女孩就會毫不猶豫地收起自己的精明強幹，立刻變身成為一個楚楚可憐、嬌小動人的「乖女孩」！

戀愛指南

楚楚「可憐」並不難

（1）看起來溫柔些。的確，女人有氣質才夠美麗，但很多女人的氣質，表現出一副盛氣凌人、高高在上的樣子，就像孔雀開屏一樣，驚艷美麗，而且氣勢高昂，這會令男人想逃開，不敢接近。所以，面對炙手可熱的好男人，女人一定要放下架子，讓自己溫柔些，適當地撒撒嬌也未嘗不可。

（2）笨一些。生活中有些女孩什麼都會，什麼都能幹，換燈泡、修理家電，那些傳統觀念中男人的工作她們樣樣精通。如果你這麼全能，還要男人幹什麼呢？男人會覺得自己沒有用武之地而悄悄離開。所以，想要抓住好男人，就要不時地讓自己變笨一些，給他們發揮的空間，也給自己一些空間。甚至有些時候，明明就是一帆風順，女人也應當製造一些小麻煩，然後可憐兮兮地向男人求助，男人便會非常樂意地充當救

美「英雄」的角色。

（3）傻一些。即使你在事業上是個女強人，很多男人都不是你的對手，在其他方面也要表現得傻乎乎的，讓好男人知道女人在工作以外的時間，是需要他來照顧的。比如，可以笨手笨腳地打爛身邊的東西，當然要找便宜貨，慌裏慌張地忘記帶什麼……

（4）多愁善感。儘量在男人面前表現出柔弱善良的一面。

（5）做個小女人。可以有主見，可以有想法，可以有自己的判斷，但這些一定要隱藏在自己的心中，不要讓男人認為你是個大女人，什麼都要自己做主。明明他的意見你早就想到了，也要說「這個主意真好啊，我怎麼想不出來」，讓男人心中充滿優越感，這樣會更加激發他對你的保護慾。

愛情短信

如果你能在旁邊看我，直到我變成一個禿頭、挺肚的醜老頭子，那麼，我也會一直看著你，直到你變成一個身體乾瘦、滿臉皺紋的老太太。

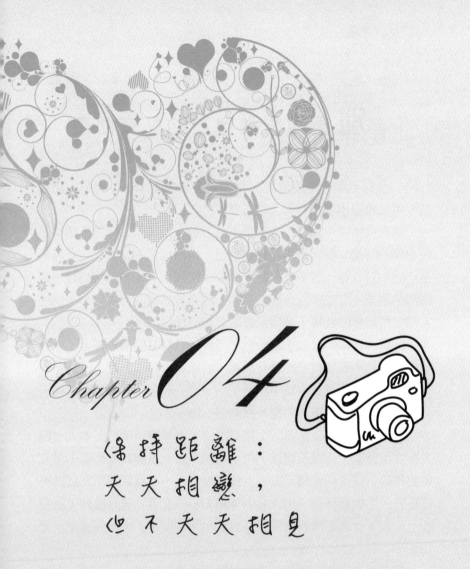

Chapter 04

保持距離：
天天相戀，
但不天天相見

別把他當做自己的私有財產

「沒有了女孩冷冷清清，有了女孩雞犬不寧。」古龍的這句話，可以說道出了很多男人的心聲。

現實生活中，戀愛中有的男人常有被女友監視的感覺，即使是在看書的時候，都感到她在盯著自己，這使他們難以忍受。有時候他們想去打打球，也要事先打個腹稿才敢開口，生怕傷害到她。最鮮明的例子，就是整天有她的電話，經常被她盤問行蹤，每一個決定都要根據她的意思，就像家裏的老娘一樣。

確實，這樣的女孩不在少數，她們一旦和某個男人確定了戀愛關係，就把他視為自己的私有財產，要求每天待在一起。即使不在一塊，給男人打電話也離不開三句話。第一句是「在哪裡」，第二句是「幹什麼」，第三句是「跟誰在一塊」。

男人與狐朋狗友聚餐，女孩有事沒事都要護駕隨行，男人不讓去，女孩便說：「嫌我糟糠，帶不出場？」女孩與女友碰頭，男人也要作陪，男人怕應酬不去，女孩又說：「不尊重我的朋友就是不尊重我。」如此種種，男人心上插把刀——忍著。若有微詞，就要吵上一架，女孩最後的撒手鐧是眼淚和一個問題：「你到底愛不愛我？」

還有男人也會因為女孩無限增加的「擁有之愛」，而開始毫無理由地對任何小事都感到內疚。例如女友和他出遊的時候突然說：「你怎麼沒穿那件襯衫？」看她那副沮喪的樣子，他很不忍心，於是立刻道歉，甚至回去換一件；假如問她咖啡裏要不要放糖，她馬上又傷心起來，好像她那麼瞭解他，而他對她卻那麼不經心，連咖啡裏放不放糖，他都沒有注意到。

一旦被「擁有」到了無法忍受的地步，男人便會不顧一切地逃避她了。女孩是不會發現這些的，以為只要和他在一起，一切就很完美。

可是有一天，他會發現自己被照顧得那麼週到反而令他窒息，他想自己去選一條領帶幾乎都成為不可能，生活簡直乏味極了。久而久之，他忍無可忍就會告訴女孩，她是怎樣地限制了他的自由，他受不了，要分手。

小芸在大學二年級時，認識了系裏的一個男孩，兩個人可以說是一見鍾情。

在與戀人交往時，小芸在很短的時間內，便將自己的情感完全付出。她可以為男友做任何事情，諸如做晚餐招待他，買一些時尚的禮品送給他，請他看電影，品咖啡，甚至替他安排日常生活的作息。平時，只要沒有課，她就陪著男朋友，或上課，或逛街，總是形影不離，在別人眼裏，他們是一對模範情侶。

一開始，男孩是被小芸的熱烈情感所感動，想與她好下去。可是，不久以後，他越來越感到不自在，感覺自己的生活完全被小芸控制了，沒有任何自由。正當小芸沉醉在戀愛的幸福時，男孩向她提出了分手，小芸百思不得其解，自己付出了那麼多，對他那麼好，他還有什麼不滿的。沒想到，男孩的回答是：「和你在一起太壓抑了，我沒有任何自由。」

人類的本質是自由地活動，作為社會主角與家庭主角的男人，在這方面尤為強烈。剝奪了他的自由，就等於剝奪了他的生命，因而，這是他的最怕。

為了愛情的幸福，女孩常常勤奮而癡情地吐出情感之絲，將男人網在自己的世界裏，像藤纏樹那樣不肯給他們半點活動的空間。但網來網去的結果，往往是適得其反。有句話說得好：「有一點事全告知女孩的男子，多半是新結婚的！」可見，男人是如何地渴望

自由，尤其是已婚的男人。其實，只要給男人以足夠的自由和信任，他們很容易就能和女孩相處得親密無間。

男女之間一定要給對方空間，你越給他空間，他越留戀你。記住，「親密並非無間，美好需要距離」。

對人際距離的把握，應注意以下幾個方面：

❶ 要尊重別人的隱私

不論多麼親密的人際關係，也應彼此保留一塊心理空間。人們總以為親密的人際關係，特別是戀人之間、男女朋友之間，似乎不應當有什麼隱私可言。其實越是親密的異性關係，越是要尊重隱私。

這種尊重表現為不隨便打聽、追問他人的內心秘密，也不隨便向別人吐露自己的隱私。過度的自我暴露，雖不存在打聽別人隱私的問題，卻存在向對方靠得太近的問題，容易失去應有的人際距離。

❷ 要有容納意識

容納意識要求我們尊重差異，容納個性，容納對方的缺點，諒解對方的一般過錯。「水至清則無魚，人至察則無徒」。清澈見底的水裏面不會有魚，過分挑剔的人也不會有朋友。沒有容納意識，遲早會將人際關係推向崩潰的邊緣。

❸ 要懂得運用距離效應

距離效應是指由於時間的阻隔，彼此間有了距離；一旦把距離縮短，重新相聚，雙方的感情會得到最充分的宣洩。

在這裏，距離成了情感的添加劑。可見，有時距離的存在，也能給人以美的享受。因此，應當培養自己拉開一定距離看他人的習慣，同時也不要時時刻刻把自己的透明度設置為百分之百。內心沒

有隱秘足顯自己的坦蕩，但因此會失去應有的人際距離，無形中為以後的人際矛盾種下禍根，這就不是明智之舉了。

戀愛指南

聽之任之反而能偶然得之

有些東西，就像是手裏的沙，你抓得越緊，流失得越多，如果試著放開，反而會得到的更多。所以聰明的女人對於喜歡的男人，不去刻意追逐，聽之任之，反而能出其不意地俘獲男人的芳心。

一部電視劇曾這樣道出了男女交往的玄妙：要得到男人的心，最下乘的方法就是千依百順，這樣會讓男人覺得索然無味；中乘的方法是若即若離，讓男人覺得可望而不可即；最上乘的方法就是求而不得。因此不去苦苦討好男人，以無所謂的態度處之，男人反而會對你刮目相看。

愛情短信

不論你多苦多痛，我都在你身邊；苦，我們一起負；痛，我們一起背；樂，我們一起笑；愛，我希望牽我手的人是你，此情一生不變！

留出一片屬於自己的空間

「選擇他，他就是我的全部」，許多女孩都這麼說，其實，有哪個女孩不想擁有屬於自己的空間？

舒婷那首膾炙人口的抒情詩《致橡樹》中說：「……絕不學攀緣的淩霄花/借你的高枝炫耀自己……我必須是你近旁的一株木棉/作為樹的形象和你站在一起……我們分擔寒潮、風雷、霹靂/我們共用霧靄、流嵐、虹霓/彷彿永遠分離，卻又終身相依……」

誠然，戀愛中的女孩應該給自己留出一片空間。其實男人只是女人生命中的一部分，是人生路上與自己攜手並肩的同行者。男人和女人的關係，應該是互相依賴、互相幫助，是並肩而立的兩棵樹，而不應該是把男人當成樹，女人就像藤蔓一樣纏繞在上面。

女孩和男孩是大學同學，相戀三年了。

自從認識了男孩，女孩幾乎把全部心思放在了男孩身上，很少與同學聯絡、相聚，她不想把男孩扔在一邊自己出去玩。

畢業一年後，兩個人考慮該結婚了。

咖啡廳裏，他們正在商討著未來的「大計」。

「以後家裏的事情就交給你，你就老老實實地在家裏幫我掌管一切，我呢；就努力多賺錢，把你養得舒舒服服……」男孩溫柔地說。

女孩一邊把自己最愛吃的巧克力送進嘴裏，一邊順從地點頭。

於是，一筆很簡單尋常的「交易」做成了。但女孩還沒有意識到，噩夢從她點頭的那一刻就已經開始。

女孩辭職了，要專心做「家庭主婦」，好好照顧男友、未來的

老公。

為了提高廚藝，女孩報了廚藝班，由於忍受不了嗆鼻的油煙，她一次又一次衝了出來，呼吸了幾口新鮮空氣之後，又帶著恐懼的心情回到「教室」。雖然從小就沒有進過廚房，但是為了能讓男朋友、未來的老公吃上可口的飯菜，她特意報名學習，沒辦法，誰讓男朋友就是喜歡家裏的飯菜呢。

結婚後，女孩更是把全部的精力放在了男孩身上。

每天鬧鐘一響，一個女人從夢中驚醒，還沒有洗漱就要開始為老公準備早餐。當順順利利地把他打發上班去了，又開始清潔打掃，準備晚上的大餐……每天的工作就是洗洗刷刷，雖然無趣也成了習慣。當男人把飯碗遞到女人跟前說「再來一碗」，一切都那麼自然……

有一天，女人發瘋似的大吵大叫，「你到底跟那個女人有什麼關係？這個肉麻的簡訊你怎麼解釋？」她淚流滿面，男人卻啞口無言。他變心了，因為他那個曾經貌美如花的妻子，如今已變成了只懂燒菜煮飯的黃臉婆，他希望能有個人與自己交流。恰好這時，一個漂亮而有內涵的女孩出現了，至於會不會做飯，對他不再重要……

作為女人，好像就應該結婚生育相夫教子，應該入得廳堂下得廚房。在慣例的驅使下，她們做著其實自己不想做的事情，犧牲了自己，只為獲得男人的讚賞。

現實生活中，把男人當做自己美好生活的砝碼和重心的女人大有人在，這是女人的悲哀。她們或許沒有意識到，由於把男人當成了自己的全部，過度依賴男人，她自己正在慢慢地與社會脫節，自己與社會的接觸面正在一天天萎縮。萬一某天，男人變心棄之而去，她們的世界就會崩塌，更不知要沉淪多久才能重新找回自我。

聰明的女孩，從不把男人當做自己的全部，善於為自己留出一

片自由空間。她們無論是在生活中還是在工作中，總是自強、自信、自立，她們的世界裏除了男人、孩子和家庭，還有自己的事業，自己的愛好，自己的朋友。

聰明的女孩也是賢妻良母，但她們善於為自己經營一份心情，善於用自己喜愛的方式調整和愉悅自己，用淡然灑脫的心態去排解煩惱。她們的生活是豐富多彩的，她們有著諸多興趣，如聽音樂、看電影、看球、健身、跳舞、上網、旅遊等，這都能讓她們找到自己個人生活的樂趣。她們還能把興趣與工作渾然交融，找到工作生活的平衡點，感知自己的存在，實現自身的價值，從而活得愜意而從容。

男人最在意的幾件事

「我不喜歡沒有自己的生活或工作的女人，不喜歡名聲不好的女人，也不喜歡曾有一個瘋子般的男友的女人，我喜歡負責的女人。」

「我喜歡在我看來不會給我施加壓力的女人。如果一個男人已經面臨很多壓力，而她還要施壓，他對她的感覺也就可想而知了。」

「我不喜歡當眾給我難堪的女人。如果我做錯了什麼，她可以等回家以後再說。」

「在他辛苦工作一天回家之後，給他一個吻，表示你已經注意到他回來，而不是馬上把你的要求指派到他的頭上，至少給他半小時的時間，讓他去做自己的事。」

「即使一個女人願意跟公子哥兒混在一起，她永遠也不應

該陪他一起酗酒。如果你在家喝得頭暈目眩，那沒關係。但如果你在酒吧喝酒，並讓自己醉得像個白癡，那無疑會讓男人發瘋。」

「女人永遠都不應該做男人辦公室的不速之客。」

愛情短信

雖然只分別了兩個星期，可是對我來說，好像是幾個世紀了！我在這裏，看見和你差不多的女孩，就會情不自禁地想起你，並且偷偷地和你比較——放心，還沒有一個能和你比的！

莫把「愛不愛我」常掛嘴邊

最近在網路上看到一則調查結果顯示：戀愛中的女孩，最愛問的問題之一是「你愛不愛我？」同時這也是男人最難回答的問題之一。作為一名女孩，對此你是否深有同感，問男友「你愛不愛我？」時，他總是躲躲閃閃地不做正面回答。這是為什麼呢？

男性由於受社會文化的影響，比如肩負的壓力和責任比較大，所以一般較理性，想問題較現實。對於「愛不愛」的問題，理性的人回答起來相對比較難，因為「愛」是個抽象的概念，各有各的理解，認真的男性會認真思考這個問題，想想自己該怎麼回答。

有許多男性認為愛包含著責任，所以當他並不清楚自己真正能為對方承擔起多大的責任時，他會覺得這個問題不好回答，而希望能迴避。否則，一諾千金，說到就要做到，萬一做不到被對方糾纏起來就麻煩了。相反有些花花公子，常常把「愛」掛在嘴邊，因為他們根本就不在乎做不做得到。

而且理性的男性會覺得反覆回答「我愛你」，是件很無聊的事，說一遍你聽到了就夠了，何必反反覆覆說？

女孩子則比較感性。她們問這個問題，只是因為她們希望聽到男友毫不猶豫地做出肯定回答。其實，有不少女孩並不會仔細分辨男性回答時的真偽，她們要的就是這種「被愛」的感覺。因為她們想獲得好的感覺，所以，不厭其煩地反覆追問對她們來說，就是很有必要的事了。當然，當男性在回答時猶猶豫豫或不肯回答，她們定會感到很受打擊，認為對方不愛自己。

對於戀愛中的女孩來說，一句「我愛你」真的很重要嗎？你為何非要逼著男友不假思索地說一句「我愛你」呢？看他的行動豈不

是更可靠嗎？

王冰和嘉靖是一對戀人。王冰很愛自己的女友嘉靖，只是他不像其他男人那樣，經常把愛掛在嘴邊，更不會經常對女友說些甜言蜜語，他只是以行動去關心去愛護嘉靖。因為他認為，行動勝過千言萬語。

然而嘉靖卻不理解男友的所想，她總是羨慕別的女孩男友的能說會道，以及甜言蜜語，甚至懷疑男友對自己的感情。終於有一天，嘉靖對男友表示了自己心中的不滿，並一再問王冰「你愛不愛我？」王冰沒有回答嘉靖的問話，只是告訴嘉靖：「今天晚上我來做飯，你等著，我給你做你最喜歡吃的東西，這頓飯叫 '概念餐' 」。一邊說著話，一邊把餐桌收拾乾淨。嘉靖很高興，坐在餐桌邊等著男友去廚房為自己準備可口的飯菜，然而王冰卻沒有去廚房，而是在嘉靖的對面坐了下來。嘉靖感到疑惑不解。這時候王冰指著空空的餐桌向嘉靖介紹：這一道菜是你最愛吃的紅燒鯉魚，這一道菜是你最愛吃的清燉烏雞。嘉靖莫名其妙，用很詫異的眼神看著王冰，王冰介紹完嘉靖喜歡吃的每一道菜，對她說：現在可以吃了，吃吧！都是你最愛吃的。看著一臉疑惑的嘉靖，王冰說出了自己的心裏話：如果我每天都在你耳邊甜言蜜語，而從來都不付諸行動的話，你會喜歡我嗎？你每天都要面對著一個只會說空話的人嗎？我愛你，但我不會常常掛在嘴邊，因為愛要愛在心裏，愛在行動上。你理解嗎？嘉靖看著男友，眼裏含滿了淚水，第一次感覺真正瞭解了他。

其實，很多人在戀愛中經常會遇到這樣的情況，戀愛剛開始的時候，對方總是只說自己喜歡聽的話，總是將「我愛你」三個字掛在嘴邊，可是隨著交往時間的推移，他似乎像變了一個人，不僅不喜歡說「我愛你」了，即使被問及「你愛不愛我？」，也只是「嗯」、「啊」的一聲敷衍了事。對方發生這種轉變，是不是意味

著已經不再愛自己了呢？我們是不是應該做好分手的準備呢？

現實生活中，有相當多的女孩對此類問題，會抱有相同的想法，做出肯定的回答。其實不僅女孩如此，在男性中也有相當一部分人，如果不經常向對方確認是否愛自己，就會變得很不安。通常，在這種情況下經常感到不安的人，不是因為對方的原因，而是自身的問題，是自己給自己製造的不安感。

這類感到不安的人，每次向對方確認愛情時，都像發射連珠彈一樣，一個問題跟著一個問題，總是希望時時刻刻得到對方讚揚，總是希望對方單方面地表達喜歡自己……面對這樣的情侶，這麼多的問題，而且還要耐心地予以一一回答，對對方而言，真是一件相當費力痛苦的差事。在這種情況下，對方因為厭倦而敷衍地回答，難道不是人之常情嗎？事實上，即使從前對方總是「我愛你」三個字不離口，那也是因為總被反覆地問、反覆地確認才造成的。人們剛開始的時候被問及這樣的問題，都會認真、積極地回答，但是如果在一天中被問無數次，無論是誰都會厭煩的。

那麼為什麼有些人總是需要經常向對方確認愛情呢？而且如果得不到對方積極肯定的答覆「我愛你」，就會變得寢食難安呢？

這是因為沒有正確的「自我認同」造成的。

「自我認同」是由美國心理學者埃里克森，首先提出來的一個概念，也被稱為「自我同一性」。「自我認同」是通過解析關於「我是誰」，「我在哪些方面更具備自己的風格」等，一系列來自自身環環相扣的困惑，最終得出的見解性結論。

一般來講，「自我認同」概念是在人的青少年時期形成。如果青少年時期沒有確立正確的「自我認同」概念，那麼在其成年後本應達到成熟的親密性，也將無法正常形成。埃里克森認為，「親密性」是指使自身的同一性與他人的同一性相融合的能力，以謙讓和關心為基礎，並以尊重自己和他人的形式表現出來。

通常人們只有在成年後並感覺自己與他人親密相處的能力成熟了，才會開始追求獨立的社會生活。埃里克森說，如果「自我認同」概念在人的青少年時期沒有得到正確樹立，那麼真正意義的親密性，也不可能發育成熟。這是因為尚未確立「自我認同」概念的人缺少自信，在與他人交往的過程中，也很難形成真正意義的親密性。沒有正確樹立「自我認同」概念的人往往比較孤立，部分或完全沉浸在自己的世界裏。

有時候愛是一種感覺，是一種心與心的交融和交流，不需要常常掛在嘴邊；愛有時候是一個眼神，一個小小的行動，但都勝過萬語千言。聰明的女孩不要把「愛不愛我」常掛嘴邊，原諒並理解沒有把「我愛你」掛在嘴邊的男友吧，很多時候他們不是不愛你，而是愛得更深！

戀愛指南

你有多瞭解男人

Q1 你是否覺得男人其實不懂女人的心？

　　是──轉到 Q2；不──轉到 Q3

Q2 如果有個男人常常開你玩笑或與你作對，你認為？

　　討厭自己──轉到 Q4；喜歡自己──轉到 Q3

Q3 你覺得男人為什麼大多喜歡抽煙、喝酒？

　　裝成熟──轉到 Q4；上癮難自拔──轉到 Q5

Q4 你覺得男人為什麼容易說髒話？

　　滿肚子怨言要發洩──轉到 Q6；口頭禪──轉到 Q5

Q5 假如你帶著男友逛街，他卻一路看美女你認為？

他太花心，不可靠——轉到 Q6

純屬欣賞而已，愛我就好——答案 A

沒關係，我也常看——轉到 Q7

Q6 你覺得男人最喜歡注意女人的哪個部位？

胸部——答案 B；臀部——轉到 Q7

腿部——轉到 Q7；不固定——答案 A

Q7 你覺得男人最介意自己的哪個部分？

身高——答案 B；體重——答案 D

臉部——答案 C；尺寸——答案 A

測試結果：

A. 100％ 瞭解男人

你簡直就是「女人百分百」啊！你對男人真是瞭若指掌，厲害！厲害！

B. 75％ 瞭解男人

不錯，你對男人的瞭解已經達到75％了。但是別自滿，碰到像《男人百分百》中的梅爾·吉布遜那樣能偷聽你心的男人，就要小心為妙啦！

C. 50％ 瞭解男人

真是活在幻想世界的女人，對於男人你只能說是一知半解，去看看《男人百分百》，會給你很大的幫助！

D. 25％ 瞭解男人

如果你不是被男人玩弄的小可憐，就是 100％ 的大女人主義。天啊！別再自欺欺人了，嘗試一下去想想男人們在想些什麼，或許能知己知彼，百戰百勝！

愛情短信

　　不管你的心在何處流浪，我總在這裏癡癡盼望，你的微笑我都收藏，你的痛苦是我的致命之傷，不管歲月怎樣流逝，牽掛你直到白髮如霜！

把信任放在戀人手中

愛情，是一件極其微妙的東西，戀愛中的女孩心中有著複雜的思緒。她們每天都關心著身邊男友的一舉一動。「他在做什麼？和什麼人在一起？是否和其他女孩在一起？今天有沒有想我？」由於不信任，很多女孩選擇整天和男友黏在一起，並且認為這樣他就不會三心二意，心裏才踏實。

愛需要信任，信任不僅僅指信任你的戀人，更重要的是信任你自己，戀人對你的信任，是建立在你的自信基礎上的，因此，只有一個充分自信的人，才能贏得別人的信任，也才能贏得別人的愛。

安雯感覺自己在愛情方面的心智還不夠成熟，還沒有做好充分的心理準備，所以她很害怕男友會離開自己，每天都生活在這種擔心之中。她覺得很累、很累，不知道自己究竟是怎麼了？

男友是安雯高中時的同學，由於性情相投，他們在高中時就以兄妹相稱，雖然那時彼此都心存愛慕，但誰都沒有捅破那層薄薄的窗戶紙。實際上，到了大一下學期他們才真正走到一起。男友是一個陽光、帥氣的男孩，高中時就有一群女生整天圍著他轉，但是他對安雯很鍾情，從來不和別的女孩親近，她也很高興。雖然聯考把她們分到了不同的學校，但是她們的感情，並沒有因為距離的原因而變淡，相反卻越來越濃了。安雯相信他，也相信自己，相信他們一定會走上婚姻的紅毯。

大二下學期，很偶然的一次機會，安雯進入了他的郵箱。在他的郵箱裏，發現了一個女孩寫給他的一封情書，安雯驚呆了，再三地質問他，但他否認了。其實，安雯也知道他不是那種三心二意的人，但自從那件事情之後，安雯總是很擔心。安雯擔心他在她

面前時規規矩矩，而不在她面前時會做對不起她的事情。有了這個擔心，安雯開始暗暗地觀察他的舉動，經常會出其不意地打電話過去，看看他在做什麼，也會經常偷偷地查看他的電子信箱和MSN，安雯把他的 MSN 上的人，全部加到自己的 MSN 上，一一地和他們聊天，如果發現一點嫌疑，安雯的情緒就會變得喜怒無常，有時煩躁不安，有時黯然傷神，有時又默默哭泣。安雯覺得僅僅靠上網、電話聯繫是不夠的，於是經常出其不意地跑過去看他。每次看到她突然出現在他的面前，他都是既高興又生氣，他一邊緊緊地抱著她，一邊責罵她讓他擔驚受怕，雖然他每次都叮囑安雯下次千萬不要再這樣了，但安雯還是控制不了自己。

安雯很在乎她的男友，正因為非常在乎他，所以擔心會失去他，為了防止擔心的事情出現，她做了很多努力，但是她的擔心並沒有隨著自己的努力而消退，反而越來越強烈，並讓自己感覺身心疲憊。

安雯在男友的郵箱裏發現了一封情書，就開始懷疑男友，這是不是一種不太信任，乃至不自信的表現呢？我們來想想，在高中時，男友就不時受到女生的青睞，但他卻在眾多的女孩之中選擇了安雯，這說明安雯身上有著其他女孩所不具備的美好品質，所以，要相信自己，相信自己的獨一無二，相信自己的不可替代！

戀人之間沒有了信任，再堅固的愛情也會被侵蝕一空。愛需要信任來凝固，相互猜忌生疑的愛情，不是人們所想要的愛情，也不是固若金湯的愛情。

誠然，在如今這個充滿誘惑、又便於誘惑和被誘惑的時代，戀人之間如何建立起碼的信任，確實是個不小的問題。我信任你，可你總得做出點讓我信任的行為，整天電話調成振動，接個電話藏著掖著、跑得老遠，收個簡訊看後立即刪除，發個簡訊還得躲著我，讓我如何信任你？有意無意，有的戀人常會「偷看」對方的電話。

其實，私查戀人電話記錄和簡訊都是不自信的表現，也是對戀人缺乏信任的行為。缺乏信任的愛情，註定是個悲劇，沒有愛情可以在懷疑猜忌中永生。

只要相互信任，對自己和戀人有信心，前景才是美好的，兩人也會在戀愛經營的過程中心靈相通，心心相印，愛情在風浪中也能夠巍然不倒，愛情之花長久燦爛無比。當然，如果遇到戀人查看自己手機時，也不要發火生氣，或心裏發虛。靜下心來想想，是不是自己有什麼破壞信任的言行？自己是否足夠使對方建立起信任？不要責怪戀人查看手機不信任你，要知道信任不是向對方索取的，而是通過自己言行樹立起來的，讓對方建立起來的。

總之，和戀人相處，首先要信任他，不要因為不信任他就常常查他的行蹤，就要求他不斷打電話給你，或者整天和他黏在一起。要知道，愛情猶如沙子，抓得越緊越抓不住。適當放手，彼此信任，愛情才能天長地久。

戀愛指南

如何消除猜疑

（1）理性思考，不無端猜疑。當發現自己生疑時，不要朝著有利於猜疑的方向思考，而應問自己：為什麼我要這樣想？理由何在？如果懷疑是錯誤的，還可能發生哪幾種情況？在做出決定前，多問幾個為什麼，是有利於冷靜思索的。

（2）發現自己的優點，增強自信心。每個人都不是十全十美的，都有自己的優點和不足。不要只看到缺點而灰心喪氣，更重要的是發現自己的優勢，培養自信心和自愛心；相信自己有能力，會給他人一個良好的印象，這樣就會充滿信心地

學習和生活。

（3）增強對自我的調節能力。一個人在人生旅程中，難免遭到別人的議論和流言。別人對自己的看法不必放在心上，但丁有一句名言：走自己的路，讓別人說去吧。要善於調節自己的心情，不要在意他人的議論，該怎樣做還是怎樣做，這樣不僅解脫了自己，而且產生的懷疑也煙消雲散了。

（4）加強交流，解除疑惑。有些猜疑來源於相互的誤解，如果是這種情況的話，就應該通過適當的方式，兩人坐下來交流。通過談心，不僅可以使各自的想法為對方所瞭解，消除誤會，而且可避免因誤解而產生的衝突。

愛情短信

如果讓我遠航，我要在我的小船上扯滿白帆，帶上我心愛的一切；如果讓我留下，我會一直待在原來的地方，等待那熟悉的風笛，帶回你平安的消息。

放開他的人，網住他的心

　　女孩在愛情上的不幸，除了遇人不淑外，很大程度上是對愛理解的偏頗。愛是自私的，但愛人絕不是私有財產，愛應該用溫柔、體貼、理解、溝通來維繫，而不應該用「刑偵監控」，甚至「一哭二鬧三上吊」的方式，把男人時刻拴在身邊，這樣只能適得其反。

　　一個即將出嫁的女孩，向她的母親提了一個問題：「媽媽，婚後我該怎樣把握愛情呢？」

　　「傻孩子，愛情怎麼能把握呢？」母親詫異道。

　　「那愛情為什麼不能把握呢？」女孩疑惑地追問。

　　母親聽了女孩的問話，慢慢地蹲下，從地上捧起一捧沙子，送到女兒的面前。只見那捧沙子在母親的手裏，圓圓滿滿的，沒有一點流失，沒有一點撒落。

　　接著母親用力將雙手握緊，沙子立刻從母親的指縫間瀉落下來。當母親再把手張開時，原來那捧沙子已所剩無幾，其團團圓圓的形狀，也早已被壓得扁扁的，毫無美感可言。女孩望著母親手中的沙子，領悟地點點頭。原來愛情需要空間，握得越緊，失去的反而越多。

　　愛無須抓得太死，也不必給得太多，多了也會讓人窒息。就像有首歌裏所唱的那樣：「愛你很好，真的很好，你知道什麼是我想要。當被你擁抱，我甚至想不出有什麼是我所缺少；早餐做好襯衫熨好，讓我看來是你的驕傲。你從不吵鬧，但是這安靜的生活使我想逃……」

　　愛情就是這樣，愛本是生命中誠摯的關懷與體察，無須刻意去牽扯，越是想抓牢，越容易成為枷鎖。愛情需要自由呼吸，不管是

「硬泡」還是「軟磨」，都不是愛情本該有的形式。

　　對於愛情，聰明女孩的原則是：放開他的人，網住他的心。如何網住他的心呢？你無須刻意營造浪漫、溫馨，只要能在平時的小事上下工夫，將幸福植入他的心中，他的心中時刻有你，你們的愛情自然長盛不衰了。

❶ 在生活中尋找和製造笑料

　　因喜悅而笑，這笑也是你們可以一起享受的最快樂的事。笑會提升你的精神，鼓舞你的情緒，溫暖你的心靈。兩個人一起分享歡笑，慶祝生命的奇妙與喜悅，是人生的極致。在歡笑中，你們享受幸福，心靈隨之連接在一起。記住，一起歡笑會淨化心靈，那也是促成你們當初在一起的重要原因。所以，在日常生活中儘量找出一些幽默，一起歡笑。

❷ 安排一些「浪漫時光」

　　與愛人在一起散步。一天花 30 分鐘鍛鍊身體、交流感情、放鬆情緒、交換意見、構想目標、消除誤解，最好能手牽手。

　　和愛人一起做一些新鮮有趣的事情。去一家新餐館，吃一道風味不同的菜；聽一場音樂會，渡一個獨特的假期；和愛人一起參加個學習班，學些你們兩個都打算並盼望去學的東西。一起學習，你們會更加愉快。

　　送他一些小禮物。訂閱一份雜誌，買一本特別的書。

　　送一束鮮花，共用奇特的經歷，奉上喜愛的食品。

　　寫愛情便箋。把這些便箋藏在家中的各個角落——衣服裏、口袋裏、廚房或抽屜裏，以及一些秘密的地方。要運用你的想像力，將愛情撒播在生活的方方面面。

❸ 可以適當吃點醋

　　一個不懂「嫉妒」的女人，就像拍了彈不起來的皮球，令人乏味。

　　不必隱藏你的醋意，適時而恰到好處的嫉妒和醋意，可以證明你對他的愛與重視，滿足男人的虛榮，讓他享受一下被女人醋勁「寵愛」的滋味。

　　嫉妒，讓他有被愛的感覺；猜疑，則會使對方感到被束縛，不被信任。因此，你可以理直氣壯地要求他不准偷看女人，或對其他女人笑，但別太疑神疑鬼，任何一點風吹草動，就以為對方要變心，這種過度的猜疑，只會沉澱成感情的陰影，最後，扼殺掉彼此的愛。

❹ 讓他傷傷心

　　在兩性交往的過程中，輕易承諾往往是愛情最大的殺傷力，因此適度地讓對方傷心，可以讓彼此的關係更具有彈性。但切記並不要讓情人陷入絕望，其中分寸的把握，要視對方能夠承受多少壓力而定。例如當戀愛的其中一方問起：「你會愛我很久嗎」這類問題時，你若明知未來有許多未知變數，卻反而對他唱起「愛你一萬年」，只怕日後感情生變，徒然落入薄幸之名。然而，如果你的回答是「我會儘量，但不保證」，也許對方在乍聽之時，心裏會有些傷心，但是坦白的態度，將會幫助情感轉向更理性的路途發展，以及避免不必要的爭吵。

❺ 不妨「幽他一默」

　　談起愛情，每個人都以為自己是最認真的，然而在兩人親密相處的過程裏，太嚴肅反而會造成不必要的壓力。女人，帶點幽默感的戀愛，反而讓人回味無窮。「沉默是金」雖是流傳已久的諺語，但在愛情裏並不適用，花言巧語有時可以點燃愛情的火苗。

❻ 來些心血來潮的舉動

用心血來潮的舉動刺激平淡的生活，是保持活力的一種辦法。它不可預期，不需要掌控，而充滿驚奇。

可以與愛人來些人為的小別。每隔一段時間找個藉口外出一次，人為地製造一個思念的意境。小別一段時間，你和你的愛人之間，就如磁石的磁性被加強了一樣，更有吸引力了。

為兩人籌畫一份驚喜，是表現關愛與創造回憶的最直接的方法。它能使伴侶在驚喜中，陶醉在愛的美好中，並留下一份浪漫回憶，而你在策劃和執行的過程中，也能得到很大的快樂。

理性與邏輯的部分消失了，你變得有點衝動、傻氣，甚至有點瘋狂、愚蠢，但感覺是棒極了。在兩性關係中，這樣奇妙的感覺，能讓你們保持愉悅快樂，不會陷入死寂。

戀愛指南

如何網住男人心

（1）做得一手好菜。一般人的觀念向來是「民以食為天」、「吃飯皇帝大」。俗話說「要想抓住男人的心，先要抓住他的胃」──這句話對很多廚藝不佳的人來說，聽起來實在很令人沮喪。其實，真的沒關係，手藝平平的你，一樣可以讓你的男人很快樂。

（2）送上細心而細小的體貼。什麼時候你最需要一杯熱茶或熱咖啡？工作了一天，剛剛進門，身心俱疲的時候；受了一些挫折，心情不太好的時候；不為什麼，只是想一個人靜一靜的時候……如果你在這種時刻需要握一杯熱茶（咖啡）在手中，那麼你的男人一定也喜歡這樣。

（3）多讚美少批評。許多女人對待男人的方式，就是打擊他們的自信心，讓他們覺得自己不夠男子氣概。其實，男人更願意女人在他們做對了的時候，給予更多的讚美和認同，更願意女人表達對他們的熱情和感激。

愛情短信

我把自己的額頭變成火焰，卻燒不掉你羞怯的容顏；你把自己變成魚，放入愛情的大海，也不會吐出那串自白；對你的愛像井中的青苔，長了一年又一年。

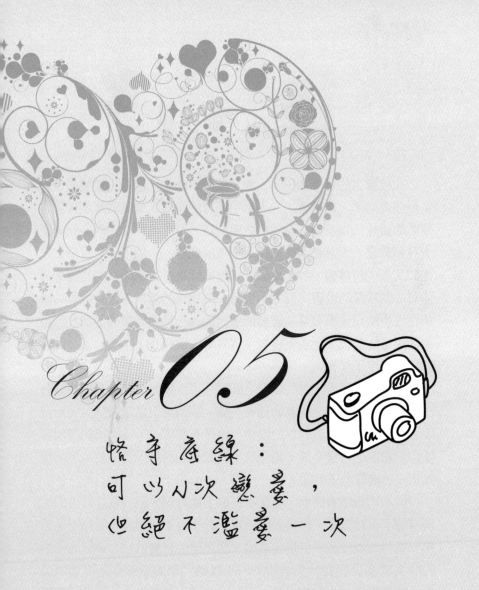

Chapter 05

惜守底線：
可以N次戀愛，
但絕不濫愛一次

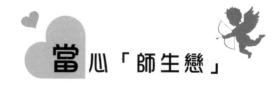

當心「師生戀」

　　在校讀書的青春期少女，除了和同學朝夕相處外，接觸最多的莫過於老師了。通常來說，老師那淵博的學識，儒雅的風度，風趣幽默的談吐，以及耐心誠懇的教導關懷，常常使少女們內心充滿了崇拜和敬愛。因為和同齡人相比，老師們多一份成熟；和父母比，他們又多一份尊嚴。於是老師尤其是異性老師，在少女的心目中，佔有一個特殊的位置，對老師懷有一種特殊的感情。這種特殊的感情在心中暗自生根發芽，有可能發展成為一種對老師的戀情。但是俗話說得好：一失足成千古恨，青春期的女孩子，不要為了自己的慾望，淹沒了理智。

　　吳美娟已經愛上她的數學老師很久了。他30出頭，有老婆還有一個上小學的女兒。瘦高的他有一雙大眼睛，但是最開始吳美娟發現，他說話總不會直視你的眼睛。但是有那麼一天，吳美娟發現當她和他說話的時候，吳美娟開始不敢看他的眼睛。那一刻，吳美娟知道──她愛上了老師。

　　吳美娟希望看到他，但是不喜歡上他的課，因為他是吳美娟的班導師，又教數學。但吳美娟一直對數學很不感興趣，所以不是他那一學科的佼佼者，但是吳美娟又想讓他注意到自己。還好吳美娟的語文老師很欣賞吳美娟的字，所以她們班的壁報都是吳美娟負責。吳美娟也盡力做到最好，因為她知道上課的時候，他是一直面對著教室後面的這塊黑板的。

　　後來，她們分科了，考慮到實際的情況，吳美娟選擇了文科。和他接觸的機會就少了，但是吳美娟還是很關注他，喜歡他。到了文科班吳美娟還是負責寫壁報，但是他卻看不到了，想到這裏，心

裏難免有些不開心。但是就是這樣一個機會，讓吳美娟知道他記得自己。也許是因為他的理科班實在找不到寫字像樣點的，或許是他看習慣了吳美娟的字（吳美娟更願意相信是後者）。他主動找到了吳美娟這個外援，幫他們班做壁報。雖然當時忙的兩邊跑，但是吳美娟還是很開心的。

忙碌的學習讓吳美娟感到疲倦、乏味。吳美娟開始想自己的未來，難道自己還是要走千千萬萬學生一樣的老路？吳美娟想掌握自己的未來，所以她選擇了出國。但是吳美娟想他記得自己，在他許許多多的學生中，一個平凡的吳美娟。吳美娟幫他把有裂縫的玻璃板，用印著「酷狗」圖案的透明膠補好；吳美娟給他買了一包綠茶放在他的辦公桌上……

有人問吳美娟為什麼會喜歡她的老師，吳美娟說不上來，喜歡就是喜歡。吳美娟覺得喜歡自己的老師，有一部分是因為崇敬他，他成熟、穩重，有事業心、上進心，有責任感……吳美娟沒有告訴過他喜歡他，相信直到現在，他都不知道是誰給他補的玻璃板，送的茶葉。吳美娟也不想讓他知道，吳美娟只希望他能記得：有個學生愛過他。

在現實社會中，幾乎每個女生或男生在學生時代，都會或多或少地喜歡上某位老師。這是他們所處的這個年齡段，非常正常的心理現象。喜歡老師的理由，也非常的片面和理想化。遺憾的是他們卻忽略了老師的其他方面，那是他們不瞭解的，可能也是他們絕對無法忍受的。充其量這些孩子對於老師的好感，僅僅是一種喜歡，而絕不能算作是愛情。

心理學研究表明，隨著性生理的發育成熟，青春期的性心理特別是性意識開始發生變化。青春期性意識的發展大致經歷了四個時期，即性疏遠期、嚮往年長異性期、思戀愛慕期、戀愛期。嚮往年長異性期主要是進入青春期以後，開始表現出對異性的關注和愛

慕，而這一時期同齡的異性，大多是不成熟的、幼稚的，於是很自然地將自己的情感，轉移到了成熟的異性身上。而在青少年的眼中，教師與同齡異性以及其他成年異性相比而言，教師是非常莊嚴而神聖的，所以，青春期少年很容易將這種情感，發展為對教師的愛戀。這一時期，青少年往往把教師當作自己的精神戀人，而加以理想化和偶像化。

一般來講，師生戀大多發生在男老師和女學生之間，而且這個時期的女孩感情十分豐富，而且對感情也是非常認真地投入，甚至是顯得癡迷，不能自拔。她會找各種機會接近老師，不管老師是否已結婚。而此時如果老師也缺乏理智或缺乏自制力，或生出邪念，那就會導致「師生戀」。當然，通常來說「師生戀」絕大多數不會有好的結局，這是因為他們之間存在許多現實的差距。

那麼青春期的少女如何擺脫「師生戀」，走上正常的人生軌道呢？心理專家給我們提供了以下幾種建議。

❶ 正確認識愛情

很多自以為愛上老師的青春期少女，實際上是把對老師的崇拜和羨慕，與愛情混為一談。因為處於青春期的少女感情比較豐富，而且容易衝動，常常無法客觀準確地認識自己情感上的誤區。

❷ 保留師生情誼

師生之間的情誼因為很真誠、純潔，所以很感人，很動人。如果在他們的心中，也產生了對老師的崇敬、仰慕，那麼請他們珍惜，不要用非分的想法和失誤的選擇去毀滅它。

❸ 以學業為重

青春期的少女，尤其是還處於高中階段的學生，目前最關鍵的就是學習，而不是戀愛，更不應該與老師談戀愛。學生時期談戀愛

容易分散精力，影響自己的學業與前途，最終受害，吃虧的還是自己。

❹ 多結交朋友

同齡人之間往往有很多共同的話題，因而會漸漸感到與同齡人交朋友可以更開心，還會漸漸明白老師對自己的好並不是很特殊，不過是長輩對晚輩的愛護而已。

❺ 明白老師也不完美的道理

我們都知道，老師在課堂上展現的，一定是自己優越的一面，但是他也是普通的人，也會有缺點和不足，也有讓人不滿意的地方。所以嘗試從一個普通人的角度看他，客觀地找他身上的缺點與不足，然後寫下來，堅持一段時間，就會淡化對他的思念。一般來講，師生戀不會發生在父母是老師的孩子身上，因為她們知道，老師沒有想像中的那麼高尚與偉大。

走過一段滄桑的歲月，當驀然回首的時候，他們便會感覺，原來當初對老師的那種朦朧情愫並不是愛情，所以處於青春期的孩子們，不妨壓抑一下自己的感情，走過這段歲月之後，再回過頭來思考一下當初的情愫，他們便會豁然開朗。

戀愛指南

避免戀愛中的審美錯覺

（1）聽取別人的意見。俗話說得好：「當局者迷，旁觀者清」。處在戀愛中的男女，往往容易被愛的錯覺所迷惑，把戀人的某一點當做他的全部，甚至覺得戀人是完美無瑕的，是世界上最好的。此時，你應該認真聽取家人和朋友們的建議，

從而再結合自己的認識來重新審視對方，要「擇其善者而從之」。

（2）培養對愛情的審察力。一般來說，愛情最能反映出一個人最深層次的需要，而只有當戀愛中的男女，彼此從內心真正吸引對方時，這種感覺才能夠天長地久。所以，要樹立正確的擇偶標準和戀愛態度，培養對愛情的審察力。

愛情短信

我曾有數不清的夢，每個夢中都有你；我曾有無數幻想，每個幻想中都有你；我曾幾百次地祈禱，每個祈禱中都有你。願命運之神讓我天天看到你，聽到你，抱著你。

腳踩多隻船最終會翻掉

對待愛情我們應該一心一意，不要這山看著那山高，甚至腳踩多隻船，周旋在幾個男人之間。要知道，腳踩多隻船終會翻掉的，周旋在幾個男人之間不僅費心費力，有可能最後一個也抓不住。

秀秀是一個二十五歲的女孩，從小喜歡文學，喜歡讀三毛、瓊瑤的作品，並且寫得一手好詩。大學畢業後，在一家公司認識了林宇峰。林宇峰是碩士畢業，學識淵博，為人忠厚。兩人在一起很聊得來，於是很快就確定了戀愛關係。

此後不久，在一次朋友的聚會上，秀秀又認識了小軍。小軍只是一個高中畢業生，比秀秀小兩歲，但他風趣、陽光，很有男子漢的味道。秀秀很快就喜歡上了他，而秀秀的成熟、清雅，也讓小軍深深著迷，兩人很快也「好」上了。

面對這兩個愛慕自己，自己也喜歡的男人，秀秀陷入了苦惱，不知該選擇誰。她將這兩人的優缺點列出來，進行比較。

林宇峰相貌平平，老實本分，有上進心，是那種對家庭很負責任的男人，有較高的學歷，未來的社會地位和經濟條件都很看好。但他不善言辭，遲鈍，不懂人情世故，有點小市民氣，對錢看得較重。

小軍相貌英俊，性格樂觀幽默，待人真誠，人緣好，為人不世故，對長輩很有禮貌，燒得一手好菜，和他在一起很快樂。但他學歷低，沒有一技之長，沒有什麼社會地位和經濟基礎。而且，小軍的年齡小，未來的不確定性很大。

比較來比較去，秀秀還是無法取捨。

最後，秀秀決定先和他們兩個交往，以後再說吧。就這樣，她

每天周旋在兩個男人之間。為了不得罪他們中的任何一個，為了贏得每個人的開心，秀秀可謂費盡了心思。尤其是遇到某個節日，兩個人同時約她，她總是要想一個合理的藉口來拒絕其中的一個，節後還要千方百計來彌補自己的失約帶來的不快情緒。就這樣，秀秀身心疲憊地和兩個人交往了半年多。

直到有一天，林宇峰和小軍都提出訂婚的要求，秀秀這才傻眼了，向兩人說出了自己心中的苦惱。令秀秀想不到的是，兩個男人都離開了她。

現實生活中，可能有些女孩腳踏兩隻船，不是有意這麼做，而是不知道怎麼取捨，最後才導致一個也得不到的結果。那麼，女孩怎樣才能走出這種難以取捨的困境呢？

首先是正視自己的心，看清楚自己真正想要的是哪些東西，這些東西在哪一個男人身上才有。然後就要捨得放棄，甘蔗不會兩頭甜，上天不能把好事都給了一個人。有句話說得好：捨得捨得，有「捨」才能有「得」。選擇一個，就要捨棄另一個。如果都想得到的話，最後的結果很可能是「竹籃打水一場空」。

約會專一原則

生活中常常有這種情況，有的人同時與兩個甚至更多的異性約會，其中有的純粹是以戀愛為名，行玩弄異性之實；有的則是為了便於比較選擇，以便能最後確定對象。前者且不說，後者也是道德所不允許的。

腳踩兩隻船的最後結局，往往是竹籃打水一場空，而且會給你留下一個惡名聲，對今後交異性朋友極為不利。必須遵守

專一的原則，當發現對方不適合自己時，再去與別的異性約會還來得及，這是戀愛時最起碼的道德底線。

在愛情的世界裏，我一無所有，也一無所知，在情感的小站裏，我願你是第一位來客，也是永遠的主人，伴著我、寵著我，一生一世！

可以左右逢源，不可四處調情

　　派對是人際交流的好場合，對於一個職業女性來說，把握商務派對的場合，適時地進行自我推介，更多地為自己尋找和開闢出路，是明智的選擇，但將別人關注的目光視為對自己的愛慕，將男女的感情色彩帶到其中，在派對上賣弄風情，隨意向男性表露情意，是推銷自己最失敗的方法，也是女人最愚蠢的表現。

　　Nin 是一家大企業的總經理助理，在工作上的表現是毋庸置疑的，但唯獨在派對上，她卻總是頻頻出岔，這令她的上司頭痛不已。

　　又是一次商業派對。

　　Nin 的工作是幫助總經理安排記者招待會，為總經理安排行程，以及協助總經理接待公司的重要客戶。因此在派對上，Nin 便無可厚非地成了大紅人。無論是公司邀請的記者還是客戶，都曾經同 Nin 打過交道，有些經常往來的記者和客戶，甚至和Nin成了無話不談的朋友，公司的同事就更不用說了。

　　剛到公司的時候，Nin 在派對上的表現都很得體，小心謹慎的她，就連笑也都是微微地抿嘴，更不會主動找其他人聊天，只是跟幾個比較熟的女同事湊在一起，隨便聊聊。

　　工作久了，Nin 便開始表現出了不太恰當的主動和熱情。

　　認為自己在舞會上總是能夠左右逢源的 Nin，開始不甘於只是認識很多人和被很多人認識，她想要受到關注，男人帶著欣賞，甚至有點色迷迷的眼光來看著她，這似乎對她而言是一種成就。於是，除了聊天以外，她還會時不時地主動跟客戶開一些玩笑，甚至是與派對極不適宜的「葷」笑話。一個女人，表現得如此「開

放」，這令身邊的男人們顯得有些尷尬，可 Nin 沒有留意到他們表情的變化。

這一切當然沒有逃過總經理的法眼。自己的助理能夠在派對上跟每個人都打得火熱，這並不是什麼壞事，但是到處調情就會讓人感覺不好，這也不免會讓外人覺得 Nin 平時上班，也會這樣跟同事甚至總經理調情。

所以，為了避免閒言碎語的出現，總經理只好忍痛割愛，把 Nin 調離了自己的部門。

在派對上能夠成為眾人的焦點，這的確是每個女人的夢想。但如果方法不當，就會讓自己看起來有點兒「風流」的韻味。

與 Nin 不同，同一公司的 Millie，就總是表現得大方得體、不溫不火。

幾個人在一起聊天，Millie 從不大搖大擺地炫耀自己淵博的知識，而總是等到別人詢問她的想法時才發表觀點，而她的觀點也常常帶給其他人新的思路。話不多，卻字字珠璣，這時候人們總是對她印象深刻。

在派對上，這個看似沉靜的女孩，也常常成為人們關注的對象。如果有人帶有調情意味地跟她搭話，她會以微笑和沉默回應，然後很有禮貌地藉故走開。

其中的一位男士似乎對 Millie 有特別的好感，他不僅是第一個找 Millie 搭訕、跳舞的人，而且他也是唯一一個請 Millie 跳了三支舞曲的人，還是唯一一個想要在派對結束後送 Millie 回家的人。

對於這位男士的舉動，Millie 既吃驚又感動。當然，她清楚自己的魅力有多大，也並不因此而感到奇怪。儘管如此，Millie 還是委婉地拒絕了這位男士的舉動。

在 Millie 看來，公司舉辦派對是為了讓公司員工同客戶多交流，目的是為了對公司的宣傳，而不是對她個人的宣傳。

這不禁讓人對 Millie 充滿幻想，這樣一位氣質獨特的女性，究竟心裏在想些什麼？什麼樣的男人能夠吸引她的注意，而 Millie 也毫無疑問地，常常成為派對上不少人爭相邀約的焦點。

在派對上，每個女人都希望成為頻頻被搭訕的對象，因為這能夠體現她們的魅力和與眾不同，為了保持和增強自己的吸引力，女人有一些必須要做的事。但與此同時，在同男性接觸的過程中，又要保持一定的距離，維持自己的矜持，否則就會給人留下不良印象。

戀愛指南

在派對上，女孩不應該做的幾件事

（1）喝酒過量。派對上的酒絕不是供你狂飲至爛醉的，適當地飲用可以調節氣氛，但喝多了卻容易誤事。畢竟在公眾場合，尤其是商務派對的場合，一個爛醉如泥的女人，會給人留下極壞的印象。

（2）在遠處打招呼。進入派對場地，即使見了熟人，也不能大老遠地打招呼，應該慢慢地走到熟人跟前，再禮貌地打招呼。

（3）輕易闖進別人的圈子。派對上總是一小撮一小撮的人湊在一起，而能夠湊到一起的，總是原來就熟悉的朋友，所以如果沒有別人的引薦，即使你很想在派對上廣交朋友，也不要隨意地闖入別人的圈子。

（4）大吃大喝。就算你很餓，也不能一次性取很多食物來吃，一般來講，盤子裏的食物不要超過五種。

（5）代人取食物。不要幫別人代取食物，否則兩隻手都

端著盤子，遇到了重要的人該如何打招呼？

有一張笑臉，總在半夢半醒中浮現；有一個影子，總在我看不清的地方出現；有一個呼喚，總離我很遠，讓我無法分辨；你的諾言，是我永遠的夢幻。

不可越過藍顏知己的底線

女人總有許多話不能告訴自己身邊的男人，也不能告訴最親近的女朋友，於是，她就想尋覓一個關心她、愛護她，卻又不會讓她痛苦的男人。女人可以對這個男人，講述不能跟丈夫或者其他朋友講的任何話題，也可以哭訴自己的丈夫令自己所受的委屈，他會憐惜你，會站在你的角度為你說話，會在你被傷害的時候，給你溫暖的安慰。

這樣的男人在現代社會裏，被冠以了「藍顏知己」的美稱。

大部分女人的一生中有兩個守護神——父親和丈夫。而聰明的女孩的守護神更多一些，那就是她的藍顏知己。

藍顏知己，是真正瞭解女人心理，瞭解女人感情的男人，他不會時刻為女人的每一個喜怒哀樂而牽掛，但是，他卻會在見面的時候，為她掉的每一滴眼淚而心疼，會為她露出的每一次笑容而悅然。藍顏知己是女人在受委屈的時候，第一時間想起的那個人。

所以，在人心浮躁、關係複雜、壓力巨大的現代社會裏，除了戀愛、婚姻、家庭和事業之外，女人還需要一個藍顏知己，無論是在臆想中還是在現實中，這是不可避免也無法避免的。

有人說，男女之間的感情不可能完全純潔。他們錯了，因為，在男女之間，還有一種情誼叫做「知己」。如果分寸把握得好，這段「知己」情誼，甚至比愛情更加彌足珍貴。

尋覓一個藍顏知己並不難，但要維持這樣的關係，男人和女人都必須做出努力。當一方的情緒和感情發生變化時，另一方要能絕對冷靜地提醒對方：「我們是朋友！」

花雨是一家生物製劑公司客戶服務部的業務助理，身材嬌小、

容貌俏麗，再加上性格外向活潑，進入公司不久，她就成為了公司裏不可或缺的一顆明星。

　　由於公司男女比例嚴重失調，花雨更是當之無愧地成為一朵眾人競捧的金花。特別是在花雨初入公司的時候，負責帶她的同事劉志博，更是像個大哥哥一樣對她百般照顧：每當花雨在工作上有什麼不懂的地方時，只要詢問一下劉志博，劉志博就會立刻為她指出來，並同時為她提供數個解決方案的思路；而在生活上，當遇到什麼困難時，只要花雨說話，劉志博就會對她伸出援手……

　　劉志博的種種體貼和幫助，給了初入職場的花雨很大的鼓勵。對此，花雨可以說是感激萬分，在平常的工作中，更加注重維護自己與劉志博的良好關係。

　　劉志博的確是個謙謙君子，跟花雨相處，他總是表現出紳士的風度，但又不會過於殷勤。他們在一起，不僅談工作上的事情，還可以聊音樂，聊各地的風土人情，甚至聊「八卦」緋聞。

　　花雨很欣賞劉志博的博學多才，和劉志博在一起，聊什麼做什麼都很投機，但花雨心裏清楚，他們只是單純的友情，因此即使他們不小心有了肌膚的接觸，她都沒有心動的感覺。

　　此後，花雨就把劉志博當成了自己的藍顏知己。所以，她會把自己的感情心路同他分享；他也會把自己和女友的矛盾告訴她，尋求意見。

　　然而，漸漸地，劉志博的感情發生了變化。花雨發現，他會時不時地「無意中」碰到她的手，也會挑一些有情調的餐廳聊天，而且他常常把話題轉到感情上來。最初花雨還以為她和自己真的已經到了無話不談的地步了，直到有一天，劉志博告訴花雨自己和女友分手了，然後向花雨說明了自己的想法。

　　「我們不能再做朋友了！」劉志博表情凝重，開始向花雨表達愛意，但花雨知道自己並不能接受，自己深愛的是男友。

　　花雨堅決地表達了自己的想法，劉志博也始終無法接受，最後，花雨不得不忍痛割愛，結束了與劉志博的友情。

　　花雨知道藍顏知己的底線，如果她明知道劉志博對她的感情而放任不管，即使她仍然把劉志博當作朋友，也會讓這段難得的「友情」變得不純潔。

　　擁有藍顏知己的女人是幸福的，但要注意的是，始終恪守住藍顏知己的底線，不能讓藍顏知己變質。藍顏知己，可以說是兄弟，是姐妹，是對方沒有把自己當成女人，自己也沒有把對方當成男人的關係。知己可以說心裏話，也可以相互取暖，但這種取暖的方式僅限於心靈。

　　聰明女孩懂得，藍顏知己的底線絕不能觸及。一對很好的異性朋友，可以保持著知己關係，但是這種關係是友誼的延伸，觸及愛情的底線時必須戛然而止。

戀愛指南

這樣的藍顏知己千萬別錯過

　　女人在選擇自己的藍顏知己時，一定清楚什麼樣的男人，才有資格作為你的藍顏知己。

　　（1）人品過硬的男人。他能夠很好地掌握住做一個藍顏知己的「度」，即比友情多一點比愛情少一點的恰到好處。和這樣的男人交往，即便很親密，也不會帶來閒言碎語，干擾你本來很平靜的生活。

　　（2）才智過人的男人。這樣的男人不論對你的事業還是生活，都會有引領的作用，使你得到一個更好的看問題的角度，幫助你完善自我。

（3）健康快樂的男人。快樂的人是誰都不討厭的，特別是俗務纏身，還能保持健康快樂心情的男人，他的人生必定是積極的，會帶給你快樂，幫你釋放壓力。

（4）善於傾聽的男人。大多數女人都有嘮叨不完的事，他要能夠不煩不躁地安安靜靜地聽女人傾訴。細心傾聽他與丈夫的患難與共，與男友的浪漫激情，與同事之間的鬥爭，生活中雞毛蒜皮的小事……

（5）淡泊名利的男人。以一種平靜態度看人生、看世事，低調並不代表不優秀；相反，他會帶給你一些更從容的態度和啟發。

（6）心地寬厚的男人。寬厚的胸懷比寬厚的肩膀更有用，當你舉步維艱的時候，這種包容的溫暖是無可替代的。

愛情短信

我仍舊受著期待的煎熬，心中仍在把你思念。你的容顏一次又一次地出現在我的面前，還是那麼親切、美麗，但卻無法親近，就像天上的星星。

不要為了「虛榮」而談戀愛

法國作家格格森曾經說過：「虛榮心很難說是一種惡行，然而一切惡行都圍繞虛榮而生，都不過是滿足虛榮的手段。」虛榮心是一種被扭曲了的自尊心，是自尊心的過分表現，是一種追求虛榮的性格缺陷，是人們為了取得榮譽和引起普遍注意，而表現出來的一種不正常的社會情感。一個人一旦被虛榮沖昏了頭腦，為了獲得滿足虛榮的快感，常常會喪失理智，不顧後果。

而很多時候，虛榮就是一個很綺麗的夢，當你在夢中的時候，彷彿擁有了許多，然而，夢醒時分，卻發現自己一無所有。既然如此，與其去擁抱一個空空的夢，倒不如把握一份屬於現在的實實在在的東西。

但是人際交往的活動中，有很多女孩喜歡透過別人的眼睛，對自己展開評價。正因為如此，往往會迷失在自己製造的虛榮裏。有些症狀嚴重的女孩，將以「虛榮」兩字渡過一生。例如，到處吹噓自己的容貌、才能；對於自己男友，寧可放棄愛情，而以「體面」作為選擇的標準；結婚後到處吹噓老公的地位……愛慕虛榮是女人的天性，多數女人都喜歡在同伴面前不停地炫耀自己，只要她們能看到同伴的羨慕眼光，她們的心裏就得到了最大的安慰。但她們天性中最大的致命傷也是虛榮，每個女人可能為了在別人面前炫耀一番，就會不惜一切把自己誇得天花亂墜，而大多時候，她們是在打腫臉充胖子。

李美琳原來是一個十分優秀的中學英語教師，深得上司的器重和學生的愛戴。可是，在這個物慾橫流的社會，李美琳每每看到周圍的朋友一個比一個風光，就感覺心裏不是滋味。最後實在是經受

不起金錢和物質的誘惑，辭職去了一家外商公司，開始了她的白領生涯，也由此走出了錯誤的第一步。她說：「走出了這一步，我失去了太多，做人的尊嚴，內心永遠的不安寧，甚至最為珍貴的純潔的感情。」

進了外商公司之後，李美琳的收入明顯地比以前多了好多，可是和其他女孩子相比，卻仍是小巫見大巫。尤其是面對老闆太太的趾高氣揚，李美琳心裏就不是滋味：她一沒有我漂亮，二沒有我的學歷高，憑什麼就過著我辛辛苦苦工作，也賺不來的優越生活。

後來她知道一起住的一個女友經常去坐枱，賺來很多外快，禁不住誘惑也就去了。可以說，那個地方向來是城市的一個暗角，裏面有各種各樣的人物。一次她竟然接觸到了一群毒販，但是極大的虛榮心促使她去販毒。後來，被抓獲歸案，她終於明白，是虛榮心害了她。

就如同莫泊桑的短篇小說《項鏈》中的瑪蒂爾德，她為了能在舞會上引起注意，而向女友借來項鏈，最後在舞會上取得了成功，但卻樂極生悲，丟失了借來的項鏈，由此引起負債破產，做了十年苦役，才還清這一項鏈帶來的債務。值得嗎？

人，尤其是女人，很容易掉進自己給自己設置的陷阱裏，而這個陷阱就是虛榮。過度的虛榮，讓人們變成一隻無頭的蒼蠅，明明知道自己的行為舉止沒有任何意義，但是由於虛榮心在作祟，依然汲汲營營，結果除了悔恨還是一無所有。

其實，人應該在交往中學會做最真實的自己，不必帶著偽裝的面具來生活，所以，也沒有必要為了虛榮而和別人攀比。

虛榮心對人的危害雖然很大，但戒除虛榮心是有法可循的，只要你平心靜氣地觀察一下自己，切忌貪婪地盯著成功，先成為自己的朋友，然後努力去成為別人的朋友，對任何人都真誠以待，這樣無形之中你就會遠離虛榮。不過要想擺脫虛榮的奴役，心理專家說

還應該注意以下幾點：

❶ 克服自己貪婪的私心

　　虛榮的人往往很在乎個人的得失和榮譽，根本無暇去顧及別人的感受和評價。只要是能給自己帶來好處，帶來榮譽的機會，他們一定不會放過，有著很強的自我表現慾，爭強好勝，不計後果，是一種極其貪婪的個人主義的自私心理的表現。所以，要戒除虛榮心，克服貪婪的個人主義私心，是非常重要的。

❷ 要認識到虛榮心可能帶來嚴重的後果

　　一般來說，一個虛榮心很強的人，很難意識到自己的虛榮，更不肯承認自己的虛榮，所以更無從克服自己的虛榮。因此要正確地認識自己，清醒地分析虛榮的危害。其實，虛榮是一種虛假的榮譽，它可能會帶給你一刻的滿足，暫時填補一下你空白的內心，一旦所有的虛假過後，剩下的只是沉重的包袱，你時刻擔心這些虛假的光環隨時會消失，隨著這些光環的消失，你開始痛苦不堪。所以，只有正確地認識什麼是虛榮，以及虛榮會帶給自己怎樣的危害，你才能夠下定決心來克服虛榮。

❸ 要培養自己腳踏實地的精神

　　過分虛榮的人，往往都想不勞而獲，缺乏腳踏實地、實事求是的思想作風。他們情緒十分暴躁，能滿足自己的虛榮心時就熱情高漲，而一旦虛榮心落空，高漲的情緒就會落進無底的深淵。因此，要克服虛榮心，就要一切從實際出發，用知識、用才學來充實自己的內心，來培養自己良好的心理品質。

戀愛不要追求完美

有些女人或許是受電視、電影的影響太深，不知從什麼時候開始，螢幕上那些高大軒昂、浪漫多情的男主角，成了她們的夢中情人，她們發誓一定要找到這樣的男人。遺憾的是，她們發現現實中的男人，卻一個比一個不爭氣，要麼長得不夠帥，要麼不夠浪漫，要麼窮得叮噹響，要麼學識不夠豐富。儘管如此，有的女人還是固執地堅持著，用她們的話說就是：感情的事怎能湊合？「寧缺毋濫」成了她們堅守感情陣地的基石。

想擁有美滿的愛情，女人就必須拋開灰姑娘的夢想，放棄不切實際的期望，學會發現、欣賞對方的可愛之處。現實一點，幸福並不遙遠。

城市是繁華，但繁華背後是孤獨，孤獨背後是寂寞，寂寞背後是空虛，空虛背後是想你，想你後是發簡訊給你。城市中，工作後，最想做的事就是想你，想你……

Chapter 06

若即若離：
保持一點神祕，
激發他的興趣

不要讓他三言兩語就得到你

人人都想輕易得到任何東西，但人人都不會重視隨手可得的東西。不珍惜輕易到手的東西，這也可以說是人之常情。

女人之所以吸引男性之處，除了她是女人外，還因為她有時表現得無從觸及。

「她並非美人，但我卻對她十分鍾情。」男性經常說這句話，原因是她有股魅力吸引著他。

儘管有閉月羞花之貌，卻不一定能適應男性的心理，亦即沒有一點「謎」樣的感覺，就不足以吸引男人的心。

男人普遍承認：「每個人都想要他得不到的東西。」聰明女孩從來不會讓他感到自己已完全被馴服，聰明女孩擅長吸引對方的注意，但卻不會輕易屈從於男人。而對於一個過於溫順的女子，不費吹灰之力就拜倒在他的「雄威」之下，他雖然會為此得意不已，但不久就會乏味厭倦，開始心猿意馬地想要尋找下一個獵物。

有這樣一位女孩，明明很喜歡一個男生，卻偏偏不說，哪怕他身邊不斷有靚妹美女的追求，她也照樣不慌不忙。她上課，逛圖書館，參加各種活動，日子過得有聲有色，閒暇時也會陪男孩看個電影、打打球，但她絕不向他妥協。三年後，男孩把她約出來，激動地對她講：「你到底怎麼想的，你知不知道我等你表白等得好辛苦？」最後，女孩學業愛情兩不誤，獲得了人生的大豐收。

聰明女孩就是這樣，雖然很喜歡他，但是在表面上，愛情的給予要吝嗇一點。

「剛剛我打電話到公司，聽說你沒去上班，我好擔心……發燒了？我有特效藥，拿去給你好嗎？一定沒有食慾！但不可以不吃東

西，總得勉強吃點。」你在電話裏用嬌滴滴的聲音說著。這就不同於平常，因為對方身體不舒服的時候，對於別人的些許關心都會很感動。因此對他而言，你就像美麗的天使。

以後稍加搖動，就好像成熟的桃子落地一般，男人會落在聰明的女士手中。

也許他感冒好了之後，打了幾次電話都找不到你。千辛萬苦找到你，不料你卻說：「很抱歉，我現在想去看場球賽。」

說完了，風也似的不見人影，真叫他懊惱。

男人就是這樣，越得不到的東西越想得到，你越是讓他們捉摸不定，他們越會遐想不斷。

戀愛指南

如何保持自己的魅力

越是神秘的東西，越能激發別人的興趣，越能成為眾人追逐的目標。女人的魅力也是如此。那麼怎樣保持自己的神秘與新鮮感？

一直保持神秘感，不要自己沒有確定終身之前，把什麼都告訴給他，一定要若即若離，但是不要讓他感覺沒有希望。

家庭裏的成員可以告訴他，但是不要把家裏人的一些特點都告訴他，因為家裏人的一些特點，容易引起他聯想到你的身上。

絕對不讓他送到家門口，男女約會後，通常男方會送女孩回家。這時候你可以特別指定只讓他送你到車站或巷口，且絕對不跟對方說明理由。這種做法也能造成神秘感。在經過一段時間後，你可以找一個藉口向他做解釋，說在家附近怕被人說

閒話。

　　注意道別的技巧。總是在某個時間道別，總是在同一個場所、同一時間跟對方說再見，也能造成神秘感，比如晚上約會時，無論你們兩人玩得多麼開心，只要一到晚上九點，你就說該回家了。如此堅持，對方也會莫名其妙，感到不可思議。

　　多接觸新鮮事物。要讓自己變得豐富多彩，如果每天除了工作，就是窩在家裏，那麼你很快就會變得孤陋寡聞，自身也會跟不上時代的步伐。只有多與外界交流，多接觸新鮮事物，才能保持自己的新鮮感，這樣才能夠讓男人眼前一亮。

　　有一種眼淚叫難以割捨，有一種凝眸叫不能忘懷，有一種深情叫心碎腸摧，有一種牽掛叫月下徘徊，有一種相思叫望穿秋水，有一個我叫愛你久久！

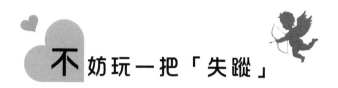

不妨玩一把「失蹤」

好男人是一種稀缺資源，不求手到擒來，最低限度也不能坐失良機，坐以待斃。該矜持時矜持，該積極時也要聽從心靈的召喚。現代，自信獨立的女人們，越來越知道把握主動權的重要性。

但是，女孩再開放大膽，也千萬不要第一次約會就對他說：「我愛你，你愛我嗎？」男人這樣做，會使女人心頭怦然不已，女孩這樣做，也許會嚇跑男人的。一般來說，男人珍惜的是「求之不得，輾轉反側」的愛情，主動地投懷送抱，只能讓他覺得眼前這個女孩太廉價、太乏味。所以，戀愛中，女孩不要太主動，適當的時候，玩一把「失蹤」也無所謂。

林秀兒喜歡上了她的一位客戶。有一回見面本來約好十點，但是那個男人臨時有事推遲了一個小時，他們談完已經到了午飯時間。男人說，不好意思讓你久等了，不如我請你吃飯賠罪吧。林秀兒壓抑著咚咚亂跳的心，但還是猶豫了一下，矜持而不失禮貌地推讓了一番，最後還是答應了客戶的邀請。

就這樣，他們開始了非工作式的交往。林秀兒當然要回請他。第二次一起吃飯，他們之間隨意了許多。三天後，林秀兒買了條領帶送給他，謝謝他對她工作的支持。又三天後，林秀兒以自己生日為名請他出來吃飯。

一個星期主動約了人家三次，這已經不是一個尋常的數字。如果他有意，該明白林秀兒的心，如果無意，那麼再努力也沒有用。於是林秀兒開始收手。

一連兩個星期，林秀兒都沒有露面，沒有主動聯繫那位客戶，也沒有再約他吃飯，並且下班一回到住處就關機了。

那個客戶被女孩約了三次，感覺到女孩也許對自己有意，心想：人家女孩子主動幾次了，於公於私、於情於理，我都應該主動一下。

於是，在接下來的幾天，他主動聯繫了林秀兒好幾次，上班時間林秀兒和他聊幾句，藉口上班時間不方便就掛了電話。下班時間他約林秀兒，可是幾次都是關機。此時，那個客戶心裏著急了，特別想念林秀兒，不知道她現在怎麼樣。

一週後，男人終於約到了林秀兒。見面的第一句話是，「你好像突然失蹤了，我很不習慣，以後別這樣了啊。」哈，我成功了！林秀兒心裏樂開了花。

張小嫻說：「女人的追求，其實只是用行動告訴這個男人，請你追求我！意思是拉開架勢，垂下魚線，願者上鉤而已。」所以，女孩追求男孩應該設置一個底線，到了這一步戛然而止，無論如何也不要邁過。你已經表明了態度，而他卻視若無睹，無動於衷，無所作為，不是他不解風情，而是他對你實在沒興趣。如果他對你有興趣，他會從此對你展開攻勢，一發不可收拾。

女孩開始與男孩交往，並不一定要表現得那麼顯山露水，「朦朦朧朧才是美」。所以，在戀愛中，女孩不要過分主動。

❶ 不要投入得太快

古龍說：誰先動心誰就滿盤皆輸！這句話是有一定道理的，在情場上，女人最好不要投入得太快。當你與他初次相識之後，不要期望每個週末都與他共度，或是堅持建議他重新佈置他的家居。不要心急，你們還沒結婚呢！

❷ 不要打扮得過分誇張

你應表現的是自信、大方得體，要知道吸引力並不在於過分賣弄性感，自然美比矯飾的性感更有吸引力。

❸ 不要説太多的話

談戀愛並不需要你持續不斷地找話題，更不需要你滔滔不絕地展示自己的口才。雖然彼此可能都很渴望儘快瞭解對方，但也用不著在最初幾次約會裏，就將自己過去的經歷全部道出。

❹ 不要過早邀請他回家

除非你感覺到他正邀請你進入他的生命，否則不要邀請他回家。不妨多等些時間，待你們有了進一步瞭解之後，才不至於產生不必要的尷尬。

❺ 不要和對方親熱得太快

過快的親熱表現往往會嚇退對方，那樣會讓他覺得你是一個隨便的女人。

戀愛指南

相親進行時

（1）忌刻意過分打扮。在吃不準你的相親對象的喜好時，一定不要過分打扮，濃妝豔抹。穿上稍微保守一點的服裝，只要達到乾淨整潔的效果就好，免得第一次就嚇倒對方。

（2）別去你特別不熟悉的地方。知己知彼，方能百戰百勝，相親本來就是要見陌生人，再加上一個完全陌生的環境，相信你一定心裏沒底。

（3）注意掌握火候。要知道什麼時候進什麼時候退，學會察言觀色。如果對對方沒有好感，就要明確表示，哪怕不是當面表示，也別給人留下不切實際的幻想，最後難以擺脫麻煩的只會是你。

（4）熱情對待對方親友。有親友團陪同相親的，要注意不要冷落對方的家人。既然和家人一起來，就說明對方比較重視家裏人的意見，對其家人殷勤，有時比和對方套關係要容易得多，效果說不定也會更好。

（5）不誇誇其談。多談談現在的你，少說你未來的十年計畫之類的長遠目標。說話要實際，高談闊論的話還是儘量打住吧，以免給人留下浮誇的印象。

　　一片葉子埋葬一個深秋，一朵雪花覆蓋一個冬季，那麼，我最初的試探，是不是爛漫了你的春天？無論以什麼樣的方式結束我們的愛，我都永遠懷念你。

聰明女孩會「裝傻」

　　王熙鳳，是《紅樓夢》中賈璉之妻，以聰明能幹深得賈母和王夫人的信任，成為賈府的實際大管家。書中是這樣描寫她的外貌的：「彩繡輝煌，恍若神妃仙子；頭上戴著金絲八寶攢珠髻，綰著朝陽五鳳掛珠釵，項上戴著赤金盤螭瓔珞圈，裙邊繫著豆綠宮條，雙衡比目玫瑰佩，身上穿著鏤金百蝶穿花大紅洋緞窄褃襖，外罩五彩刻絲石青銀鼠褂，下著翡翠撒花洋縐裙。一雙丹鳳三角眼，兩彎柳葉吊梢眉，身量苗條，體格風騷，粉面含春威不露，丹唇未起笑先聞。」

　　可見王熙鳳是個美貌與智慧並重的難得的女子，可是就這樣一位不可多得的女人，到頭來卻眾叛親離，淒涼而死。究其原因，就是因為她的過度聰明，才落得個「機關算盡太聰明，反誤了卿卿性命」的下場。

　　真正聰明的女人，不會事事處處顯露自己的精明過人，她們往往裝聾作啞，難得糊塗，看起來愚鈍，其實非常聰明。因為她們知道，「傻」一些，就會遠離很多煩惱，活得更加快樂。

　　劉志剛特別喜歡玩撲克，有時間他就約上女朋友和另外一對知己去茶坊，二對二打牌。要命的是，劉志剛這位數學系畢業的女朋友，打牌特別會算，又好勝，而且說話不饒人，每次劉志剛出錯牌，她不是給他臉色看，就是當場指正，讓他在朋友面前很沒面子。本來打牌是為了放鬆，可給她一攪，變成了做功課，腦筋動足，吃力不討好。後來，他們分手了，當然不是為了打牌這樣的小事，不過大家可想而知，她的自恃聰明和尖銳的個性，一樣也會體現在其他事情上，所以劉志剛只好臨陣脫逃。

現在，劉志剛又有了女友，有空還是一道去打牌，可現在的氣氛不一樣了，劉志剛說：「我偶爾出錯牌，女友會很寬容地笑笑或扮個鬼臉；到了決勝負關鍵時刻，她還會偷偷給我遞暗號。牌贏了，女友又拍手、又歡呼；牌輸了，她要懲罰我，但這種懲罰讓我覺得比獎勵還舒服——她要我送她回去，並要我揹她上二樓，到她家門口。所以我有時還故意輸牌呢！她傻的地方還有很多，比如她會花一整天為我做生日賀卡，而不是花幾分鐘去店裏買；又比如她很會打扮，卻從不讓我陪著逛商店，她說兩個人在一起，就要做兩個人都願意做的事。」

劉志剛還坦白地說，還特別喜歡看她笑，那是種真誠和燦爛的笑，和那些笑意中帶著一分刻意或狡點的女孩比，真是傻得沒法不讓我深深地愛惜她。

生活中，有些女孩才貌雙全，在生活中無所不能，在職場上叱吒風雲，卻往往讓人退避三舍、敬而遠之。不可否認，她們才華橫溢，她們知識淵博，可是與她們相處時，卻發現有的女孩，一點兒也不懂得內斂。

女孩再聰明能幹，最後也要戀愛結婚，如果在與男人相處時，處處將自己的聰明展露無遺，並不是一件好事。一方面，高智商讓她們火眼金睛，洞若觀火，一眼就能識破男人的甜言蜜語，發現他們的種種瑕疵劣跡，拆穿他們的拙劣把戲，因此很難有男人能入得了她們的法眼；另外，聰明太過形之於外，流露出一種驕傲或是壓迫感，只會讓男人感到受威脅，缺乏安全感，這樣的女孩再漂亮多情，也只會讓男人敬而遠之，讓聰明反誤了終身。

有這樣一種說法：當聰明的男人遇上聰明的女孩，結果等於戰爭；當傻男人遇上聰明的女孩，結果等於緋聞；當聰明的男人遇上傻女孩，結果是結婚。這裏的傻當然不是真的傻，而是在提醒天生聰慧的女孩們，想要獲得幸福，在適當的時候要學會「裝傻」。能

理解他在說什麼，卻永遠不會表現出比他懂得更多，看得更遠；能看到他的錯誤，卻永遠不會當面直斥其非、指摘正誤，找個臺階讓他下，巧妙地轉換話題，更是生活的大智慧。

男人都喜歡「笨」一點兒的女孩，因為在聰明的女孩面前，他會覺得自己無所遁形，所有弱點都一覽無遺。而「笨」女孩時時刻刻都用崇拜的眼光看著男人，把面子給足了男人，讓男人感覺自己的男人味十足。

戀愛的時候，男人發誓說：「我要把月亮摘下來給你做鏡子！」「我要把星星摘下來給你做項鏈！」儘管女孩心裏很清楚，摘月亮、摘星星，是永遠也實現不了的空口諾言，但不妨把它當做男人許諾給自己的體貼和溫暖。

聰明的女孩，三分流水二分塵，不要把所有的事情都探究個一清二楚，就算你天生有一雙火眼金睛，世事洞明，到頭來傷了的不僅僅是眼睛，還會連累婚姻。只要把握住婚姻生活的大方向，不偏離正常的軌道，不偏離道德的航線，試試在小事上裝一次傻，說不定你會愛上「裝傻」這種生活方式，因為這種方式離幸福很近。愛己愛人，裝傻並不是真傻。

戀愛指南

裝傻的技巧

聰明的人常感到自己的眼睛裏容不下半粒沙子，想要違心地指鹿為馬似乎太難，其實裝傻也有一定的技巧和原則，掌握得好，成功地裝傻並不是什麼難事。

（1）寬容大度。寬容大度指的是一個人的修養，表明這個人明白事理、寬以待人。法國作家雨果說過：「比海洋更寬

闊的是天空，比天空更寬闊的是人的胸懷。」多一分寬容就少一些心靈的負擔，多一分寬容，就多一分理解，多一分理解，多一分信任，多一分愛。

（2）不求全責備。金無足赤，人無完人，十全十美只能是一種奢求，生活中的矛盾是很難避免的。如果遇到事情就要弄清楚誰是誰非，就要討個「說法」，生活中充斥的怎麼能總是快樂呢？對非原則性、不中聽的話或看不慣的事，有的時候，裝聾作啞也未嘗不是一種聰明的做法，裝作沒聽見、沒看見或很快便忘記，家庭和睦便不是難事了。己所不欲，勿施於人，對待愛人千萬不要求全責備。

（3）理智處理問題。沉不住氣時要反覆提醒自己：「千萬不要發火。」聰明人在處理問題時常常採用「冷卻法」。因為隨著時間的推移人，會慢慢地冷靜下來，從前讓你火冒三丈的糾紛，在無形之中得到了化解。倘若不冷靜，急於發洩心中的怨恨，無異於「火上澆油」，令矛盾激化。

愛情短信

在錯的時間遇上對的人是一場心傷；在對的時間遇上錯的人是一聲歎息；在對的時間遇上對的人是一生幸福，所以我是幸福的！因為能遇見你並且和你心心相印！

Chapter 07

寸：
分 太
也 籠
要 他

握
要
不

掌
再
也

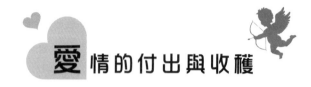

愛情的付出與收穫

　　真愛，是不計回報的付出。這句話往往被熱戀中的人奉為真理。事實上，為愛癡狂是件美好的事情，但什麼事情都要講究一個「度」，過分的投入、完全不顧自己的付出，往往會傷害自己。

　　有一個女孩子很愛自己同居的男朋友。他們兩個自己創業，開了一家廣告公司，一開始很艱苦，請不起別人，什麼事都要自己做。女孩子又拉業務又當美工又當秘書，累死累活卻沒有薪水，回家還要做飯做家務。她的朋友都不喜歡她的男朋友，說她男朋友是在利用她，把女友當免費傭人又當廉價勞動力，占了太多便宜，自己卻什麼也沒有付出。

　　女孩子卻認為，患難才見真情，他也是因為把她當自己人，信任她，才讓她幫他做這麼多事。朋友們都說她傻，你又沒跟他結婚，誰知道以後會怎樣。一旦分手，你什麼都不會得到。他如果發不出薪水，也應該給你一些公司的股份，或者給你太太的名分，不管以什麼形式，總得給你點什麼。他雖然總是說愛你，自己卻什麼都沒為你做，這樣的男人很可疑。

　　但是她想男友不是這種人，她相信男友的承諾，他說等一切都好起來，他要買很大且帶花園的房子，買很漂亮的大鑽戒，再向她求婚，而不是草草地把她娶回家。她覺得她的朋友老說他壞話，只是因為不瞭解他，也不明白他們之間的情深似海，於是她依然傻傻地為他做牛做馬。

　　後來生意開始好起來了，公司裏陸續招了不少新員工，她終於可以輕鬆一下了。再後來，她發現了男友和漂亮女秘書之間的隱情，她憤然搬出了男友的公寓。她以為他一定會來找她回去，請求

她的原諒。但是，他卻根本沒出現，甚至再也沒來過電話。這件事對她打擊極大，使她很長一段時間都沒法再交男朋友，對男人徹底失去了信任。

愛不是憑空產生的一種感情，它是人在付出和犧牲之後，自然而然結出的果實，付出和犧牲的越多，愛也就越深。當你為愛情付出很多時，即使你想不愛你的戀人，也是欲罷不能，愛是覆水難收，是可以連生命一起潑出去的。

但愛是有條件的。就算世上的確有無條件的愛，又能持續多久？不是你自己愛得精疲力竭，就是看到了對方的自私面目而大失所望，或者他輕描淡寫地說聲謝謝，便毫無眷戀地離開。

「真愛是不計回報的付出。」這話出自一個女孩子之口，那女孩子臉上幸福的光芒令她分外美麗。當時她正和班裏一個男生戀愛，男生家在外地，每個週末，女孩子都把一大包男友的衣服帶回家去洗，再從家裏帶來好多好吃的東西給男朋友。班裏的其他男生都非常羨慕這個男孩子，有個對他這麼好的女朋友。他們倆好像是大家眼裏的戀愛標兵，模範情侶。看著兩人甜蜜蜜的樣子，大家都想，自己有了男朋友，一定也要對他這麼好，讓他幸福，才是最大的快樂。

只有女孩子的姐姐不以為然，「他對你有你對他好嗎？」「他請你吃過飯嗎？給你買過衣服嗎？」「不要回報？這哪是什麼真愛！」女孩兒覺得姐姐真勢利，真俗氣。

畢業以後，女孩子工作了，男友繼續上研究所，兩人還是一對，女孩子仍舊給男友洗衣做飯。後來男友要出國，忙著考試辦簽證，兩人在一起的時間少了很多。出國要花很多錢，男生家境不太好，自己也只有微薄的收入，所有考試、聯繫出國的費用，基本上都是女孩子幫他負擔。

後來錢不夠，女孩子只好去向姐姐借，姐姐一臉不滿：「他一

個大男人，好意思這麼多錢都讓女朋友出？再怎麼說，女孩子也不能倒貼啊。」

「都是自己人，分那麼清幹什麼嘛？」女孩子無所謂地說。

「你又沒跟他結婚，他準備什麼時候跟你結婚？」

「他說現在沒有條件，等他穩定下來再回來結婚。」

「你呀，就這麼相信他！」

「這麼多年的感情，也會有假嗎？」

姐姐拗不過她，歎著氣把錢給了妹妹。

故事的結局是：男友一去不復返，一年後跟女孩提出了分手。女孩子哭紅了眼，他為什麼要這樣對我？

姐姐開導女孩，想開點，吃一塹，長一智吧。他在你這裏得到太多好處，自己卻不付任何代價，你的付出在他心裏也沒有了價值。你助長了他的自私，也把自己放在很不安全的位置。

人和人是平等的，關心和愛護也應該是相互的，如果只有一方在任勞任怨付出，另一方心安理得享受，卻沒有任何回報，那一定不是真愛。

我們都知道母愛是最無私的，但是如果對孩子太嬌寵，很可能使孩子以後沒有獨立性，使他們的性格過於柔弱，或者過於執拗，這對他們未來的社會生存和生活，都是很不利的。同樣道理，一個女孩如果對男友太好，一心只為他考慮，會把男人慣壞，會讓他覺得你的付出是理所當然的，某一天一旦放出去，可能永遠不會再回來。

獲得愛情要付出代價，經濟學稱之為成本。愛情經濟學中所涉及的成本問題包括三類：風險成本、機會成本、沉沒成本。

風險成本指金錢投資、時間投資、情感投資三方面的投資成本。因為在獲得愛情之前總是存在一定的風險，所以這一成本可稱之為風險成本。

機會成本是指從事一項活動所付出的代價，並且從中獲得的最大收益，愛情中也講機會成本。所謂機會就是選擇的機會，多個選擇中，我們只能作出一種選擇，這種選擇是以放棄其他選擇為代價的。比如說，選擇一個很窮但是很漂亮的女孩，就會失去選擇有錢的女孩的機會；選擇與你青梅竹馬共同長大普普通通的人，就會失去選擇有能力、有魄力的人的機會。總之，你的選擇總是存在一定的捨棄和風險。

沉沒成本就是指那些得不到收益，並且連成本也收不回來的投資。在愛情投資中，如果投資失敗，那麼就不能稱為風險成本，而應稱為沉沒成本。當愛情投資基本失敗時，一個人選擇愛人，不能一直想著以前曾經有過多好的機會，而應該考慮在現實情況下，怎樣才能找到最滿意的愛人。所以對待沉沒成本應及早收手，免得損失更大，還可以用餘下的資本進行另外一項投資。

在愛情裏，很多眼前的收穫都會稍縱即逝，比如他的誓言，比如他送的禮物，都難以真的成就你的人生，然而，有一樣收穫卻是永恆的，那就是你的成長，這是沒有人可以奪走的收穫。聰明的女孩要學會抓住這份收穫，讓它有益於自我發展和完善。

戀愛指南

你會為愛情不顧一切嗎？

一個小偷溜進了王宮，從你對他偷走的東西的猜測中，能判斷出你的愛情觀，從深層心理學的角度而言，這正暗示著你願意為生存和愛情付出的代價，來試試吧！

A. 鑰匙

B. 皇冠

C. 寶鏡

D. 古董茶壺

選項分析：

選 A：鑰匙代表著朋友。因此，選它的人可能是為了愛情，寧願失去知心朋友的類型。

選 B：王冠是名譽和地位的象徵。所以，選它的人，會為了愛情拋棄富裕的生活，以及令人尊敬的榮譽和地位。雖然這種為愛而付出的代價可能非常大，但多半會過得很快樂。

選 C：鏡子中可以反映出自己的影像，也就是說它是未來的象徵。所以選它的人，屬於願意為愛情放棄大好前程的人，同時，也是比較注重把握眼前幸福的人。

選 D：茶壺是包容力的象徵，也就是暗示著你的家人。選它的人，為了愛情，是不惜給自己和家人帶來不幸的。這類人很容易陷入危險的愛情之中，甚至會和有婦之夫發生戀情。

你若心寒，我是春天；你若心苦，我是甘甜；你若心傷，我是歡顏。也許我不是你一切的一切，每天的每天，但絕不是你生命的負擔。

八分的愛已經足夠

　　一個善人很同情街邊的一個乞丐，每天都向乞丐的碗裏放一塊錢，天天如此。可有一天，乞丐發現此人將一塊的硬幣換成了5角，乞丐不解地質問為什麼，對方攤了攤手：「因為我結婚了」。乞丐很生氣地問：「你怎麼可以用我的錢，去養你的老婆？」

　　可見，你總是使著勁地對一個人很好，日久天長，對方便習慣了你的給予，漸漸地把你的付出當作了理所當然。一旦有一天，你減輕了給予的分量，你在對方心中的位置立刻就會一落千丈。這也正是許多女人的困擾：我對他付出了100分的好，為什麼卻敵不過一個偶爾只付出了10分的人？

　　女人會因為愛一個男人而對他百般照顧，同時也希望得到同等的待遇。男人卻不喜歡這樣，他們會享受。習慣這種來自女人的「好」，漸漸地，他們忘記了好是出於愛，而把女人對他的「好」當做理所當然的事。即使好上加好，也是平常，沒什麼值得注意和感激的。

　　海燕是家裏的獨生女，父母的「掌上明珠」。人生的前二十幾年，她幾乎不知道家務事怎麼做。自從認識了現在的老公，她的角色完全變了。

　　剛開始覺得新鮮，給老公做了幾頓飯；為了表現一下自己的「賢良淑德」，幫老公洗了幾件衣服，沒想到之後這些都成了她的「家常便飯」。

　　一開始，海燕以老公的「大男子主義」為傲，她覺得，男人就要有點男人的樣子，如果整天都混在鍋碗瓢盆之間，哪還有什麼陽剛之氣啊！於是，她從不讓老公做家務，把他當孩子一樣寵著。時

間長了，老公認為海燕做家務是理所當然的事，從不幫忙。

家務事做久了，海燕的立場開始動搖了。在她吃完飯想要休息，卻還要無奈地走進廚房收拾殘局時，老公卻一邊嗑瓜子，一邊對電視情節指指點點的，海燕只能歎氣、無奈，同時又覺得自己可憐。

如果只是單單純純地洗衣做飯，海燕也許能夠忍氣吞聲地繼續下去。但被寵壞的老公變本加厲的行為，讓他忍無可忍終於爆發了。

一次，家裏的電風扇壞了，海燕讓老公拿去修理一下，老公說：「我工作了一天太累了，你去吧。」於是，海燕不得不自己搬著電風扇去修。

走在路上，海燕越想越氣：你工作累，難道我早出晚歸是去玩了嗎？白天同樣要上班，晚上不管回來多晚，你永遠是蹺著二郎腿看著電視悠然自得的樣子，有時還會催促我快點做飯。想著想著，海燕的心中燃起一股無名火，不幹了。她把電風扇扔在路邊，大搖大擺地回到家，一句話也沒說地進了房間，鎖上房門，她要好好地睡上一覺，休息休息。

這下，輪到老公憤怒和傻眼了。面對老公怒氣沖沖的表情，海燕什麼也沒說，一甩手回了娘家。

幾天之後，老公耐不住了，前來求饒。海燕答應回家，但條件是：以後家務我心情好的時候可以做，心情不好，由你來承擔。老公欣喜如中大獎，答應了所有條件。

你還在以為，百依百順就能夠得到男人的心嗎？聰明的女孩絕不會對男人千依百順、照顧有加，因為：

太愛一個人，會被他牽著鼻子走，如被魔杖點中，完完全全不能自已。從此，你沒有了自己的思想，沒有了自己的喜怒哀樂，你以他為中心。跟他在一起時，他就是整個世界；不能跟他在一起

時，世界就是他。

太愛一個人，會無原則地忍受他，慢慢地，他習慣於這種縱容，無視你為他的付出，甚至會覺得你很煩，太沒個性，甚至開始輕視、怠慢、不尊重你。

太愛一個人，你無異於是一支蠟燭，奮不顧身地燃燒，只為求得一時的光與熱，待蠟燭燃盡，你什麼都沒有了；而對方是一個手電筒，他可以不斷放入新電池，永遠保持活力……

太愛一個人，他會習慣你對他的好，而忘了自己也應該付出，忘了你也一樣需要同等的回報，他完全被你寵壞了。

不要以為你愛對方十分，他也會愛你十分，愛是不講道理的。所以很多時候，愛是不平等的。不要愛一個人愛得渾然忘卻自我，那樣全身心的愛，只會出現在小說裏，這個社會越來越不歡迎不顧一切的愛，給他呼吸的空間，也給自己留一個餘地。

愛正在進行時，固然讓人覺得壯美，但若他離開時，你如何收拾這一地的狼藉？投入那麼多，你能否面對那慘重的損失？

所以，愛一個人不要愛到十分，八分已經足夠了，剩下的兩分，用來愛自己。

記住，世間沒有一份愛情，值得你肝腦塗地、用盡所有力氣。不要愛人超過愛己，最多只要「愛人如己」。

儘管如此，並不代表她們會一如既往地對男人「狠」下去。偶爾，她們也會來點兒溫柔體貼，讓男人感動得一把眼淚一把鼻涕的。這正是她們的聰明之處，能很好地把握愛的溫度。

❶ 不要一味遷就

好男人是調教出來的，不是遷就出來的。即使你愛他，也不要一味地遷就他。如果女人沒有自己的主張，沒有自己的想法，就是有自己的看法也不會與男人辯解，因為愛他，就一味地順從他，這

樣反而助長了男人一些不好的習慣。

❷ 不要把全部心思都放在他身上

你與他在一起的時候，不要把全部心思都放在他身上，一味地去做愛的表白，要學會興致勃勃地談些與他無關的事情。當你對身邊的事物表現出極大的熱情時，他心中的愛就會被點燃，這下就該輪到他癡癡地等電話，赴約會，沒完沒了地表達愛意了。這樣，你們之間的感情反而會升溫。

❸ 不要永遠為對方著想

女人以為只要在家裏對丈夫禮貌、體貼、處處為他著想，不讓丈夫討厭自己，就是個好妻子。然而事實恰恰相反，久而久之，丈夫就會厭煩失去自我的你。女人不必總是顧及自己的男人，而應大膽地做你應該做的事。

❹ 永遠不說多愛他

愛就是捧在手中的沙，當你輕捧的時候，它就圓滿地被你掬在手中；當你握緊的時候，它就會從你的指縫間溜走。聰明的女人懂得適可而止，知曉給對方一個自由的天地和思考的空間，該放手時且放手，不讓他感到窒息。你越是說多麼多麼的愛他，可能會給他造成心理壓力，他可能會逃避。

❺ 不要無私奉獻

戀愛中的女孩，千萬記得別對男人付出太多。對你的付出，男人有時候會生出感激之情，並投桃報李。付出太多也許使你的男人失去以前的勤快，變得懶惰，對你的依賴性增強，並養成一種依賴的習慣。假如你出差，家裏沒有你的存在，將會是一片狼藉，地板不會擦，被子也不會疊；沒有你的存在，廚房裏的餐具和你走的時候一模一樣。所以，不要對你的男人無私奉獻，你把他當成上帝，

葡匐在他腳下，到頭來只能是咎由自取，自釀的苦水，還得自己喝。

戀愛指南

戀愛「四不要」

女人把自己和他的母親區分開來，應當禁用以下四種帶有濃郁母愛色彩的行為方式，以此增強他愛的辨識度。

不要要求他所有的時間都待在你的身邊。

不要盤問追查他，不要像他的母親一樣，對他的行為總不放心。

不要對他千叮萬囑，喋喋不休。

不要對他百依百順，過分遷就。

愛情短信

酸醋麻醬油裏有我們美味的生活，油鹽醬醋茶裏有我們平淡的真情，鍋碗瓢盆裏有我們簡單的幸福，除卻了虛無的浪漫，我們擁有了愛的真諦！

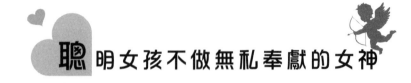

聰明女孩不做無私奉獻的女神

在這個世界上，只要多一點愛，就會多一分美麗，因而人們認為無私奉獻的女人是美麗的，即使她沒有天使般的臉蛋，魔鬼般的身材，時髦的服飾。被譽為貧民窟的「活聖人」德雷莎修女，就是這樣一個女人。她救助了一輩子的窮人，其實自己也是一位窮人，她的生活樸實無華，她住的地方，唯一的電器是一部電話；她穿的衣服，一共只有三套，而且自己洗換；她只穿涼鞋沒有襪子……然而在人們的心中，她卻是最美麗、最聖潔的女神。

可是，現代生活中，大部分女人是平凡而普通的，她們不會成為第二個德雷莎修女，但是她們卻有「德雷莎修女」無私奉獻的精神。在生活中，她們把愛全部「奉獻」給了男友或老公，以犧牲自己為代價，換來家人的幸福。她們任勞任怨，認為愛就是「奉獻」，就需要「犧牲」。她們認為這樣才是一個「好女人」，才會贏得他人的愛。

但是，許多「好女人」因「奉獻」，而成了被遺棄的可憐「怨婦」，於是把責任都歸結為男人沒有良心，忘恩負義，其實更多的因素在她們自己身上。她們只知道要做個好女人，只追求奉獻不求回報，結果失去了自己，迷失了自我。這樣的女人，不能不說是可悲的。

玲梅在上大學時，認識了比她高一屆的同系的男生凌風，兩個人郎才女貌，情投意合，很快就進入了熱戀。大學畢業時，玲梅按計劃準備考研究所，凌風卻說：「別考了，咱們結婚吧，我非常需要你。」是結婚，還是考研究所？玲梅一時也拿不定主意。

最後，玲梅決定放棄考研究所，和凌風結婚。因為玲梅認為，

既然結婚就要做個好妻子，如果讀研究所一定沒有時間照顧丈夫，如果做妻子的因讀書而冷落了丈夫，就不是一個好妻子了。人們常說，愛就是奉獻，玲梅對此深信不疑。於是，她決定放棄自己的理想，和丈夫一起構建他們愛情的港灣。

畢業後，玲梅當了一名教師，丈夫工作了一段時間後準備考研究所。在丈夫準備考試的時候，玲梅發現自己懷孕了。妊娠反應厲害，經常是東西吃進去不久就又吐出來。可是丈夫正在忙著考試，不僅無暇照顧她，還需要她來照顧。玲梅是經常一邊吐，一邊做飯。但是想想丈夫將要實現自己的夢想，她暗暗地嚥下了所有的痛苦，她想等他考上研究所就好了。後來丈夫如願以償，孩子也生了下來。

這時的玲梅就更忙了，既要工作，又要照顧孩子，還要照顧丈夫，非常緊張。接送孩子、買菜、做飯、洗衣、收拾房間，玲梅幾乎承包了所有的家務，但當她看到漂亮的孩子，看到刻苦讀研究所的丈夫，她是欣慰的，她感到幸福無比。

為了照顧好家，玲梅幾乎放棄了自己的一切愛好。她已經沒有時間去百貨公司為自己選購一件稱心的衣服；沒有了和朋友們高歌一曲的興致；甚至連自己愛看的電視連續劇，也不能從頭看到尾，但是她從不抱怨，她覺得自己的付出是值得的，因為她的家庭有了她的付出，而更加和諧幸福。

玲梅原本以為丈夫畢業後，就會迎來他們的第二個蜜月，他會對自己的奉獻給予回報，可是事實是他們的關係卻大不如從前了。丈夫畢業後，去了一家合資企業。他的工作很忙，經常是深夜才回到家，一臉的疲憊。讓玲梅更加生氣的是，丈夫竟然懶得與她說話了。有時，玲梅忍無可忍地對他說，咱們也該聊聊了。可他說，這麼長時間的夫妻了，有什麼好說的。有時，他還會說，說點兒別的行不行，整天不是東家長就是西家短的，真沒意思。

　　終於有一天，丈夫向玲梅攤牌說：「我們離婚吧，我愛上了別人。」玲梅怎麼也沒有想到，自己所做的一切，卻換來這樣的結果，於是不解地質問丈夫：「我做錯了什麼，難道做得還不夠好嗎？」

　　「你沒有做錯什麼，你是一個好妻子，是我對不起你。現在和你在一起，沒有了以前的感覺，你一點兒也不像過去那樣有理想、有激情。」丈夫回答說。

　　「我為你犧牲了那麼多，你難道不知道？你還有沒有良心？」玲梅簡直崩潰了。

　　「但犧牲和愛情是兩碼事。」丈夫冷靜地說。

　　這就是事實，殘酷，但也讓人警醒。一個女人，當因「奉獻」而失去了原有的魅力時，也就有了失去男人的危險。與其做一個「無私奉獻」的好女人，倒不如「自私」一點，多愛自己一點，這樣也許更容易得到男人的心，得到想要的幸福。

　　聰明女孩提醒女性朋友，不要只知「奉獻」，讓自己沒了底氣。你愛他，更要愛自己，這樣別人就容易看到你的魅力，會稱讚你，你會從這些讚揚中得到更多的自信，你也就會活得越發光彩，永遠保持對生活的熱情，這是個良性循環。不要再說「我愛你勝過愛自己」之類的傻話，更不要認為愛就是全力「奉獻」。

　　聰明女孩從不做「無私奉獻」的女神，她知道，「奉獻」也不會讓自己成為德雷莎修女一樣的女神，卻很可能成為一個被拋棄的女神。

　　所以，女人不管任何時候，都不要「奉獻」到底，不要忘記修煉和提升自己。要知道，多愛自己一些，做自己想做的事。在別人看來，這也許是「自私」，但這更是一種智慧。

戀愛指南

女人首先要為自己而活

作為一個女人，首先要為自己活著。相信這句話，你不要去為任何人而活，包括你愛的人。你可以為他獻出生命，但是你不能為他而活。

對自己負責。迷失自我的女人，習慣把自己交給別人來負責，文化、習俗、教育、社會背景都可能成為你的背景，但是「壞」女人絕對有十足的勇氣，為自己的選擇負責。

愛他，但更愛自己。很多在工作上不會迷失自我的女人，在處理感情問題的時候卻常常迷失自己。一直以來，你是否在用一種雙重的標準來滿足他的要求、放棄自己的需要？那麼，做回你自己吧。雖然做回你自己的代價，有的時候可能是失去他，但是你的痛苦，肯定會比一直做「另一個人」輕鬆得多。

理性處理家庭問題。如果你一直在大家庭，扮演一種「犧牲者」和「付出者」的形象，應該問問自己是迫於無奈，還是發自內心真的喜歡，如果答案是前者，建議你應該建立你的「自我」形象。當你的快樂發自內心時，你會給家人帶來更多的幸福和快樂。

愛情短信

　　喜鵲見證了我們的愛情趕來搭橋；葡萄見證了我們的愛情忙來傳言；銀河見證了我們的愛情，化作流星帶去織女的心願：牛郎，今日鵲橋見面要準時哦！

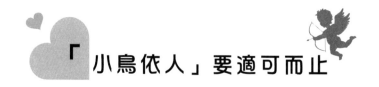

「小鳥依人」要適可而止

與「河東獅吼」比起來，「小鳥依人」般的女性，還算男人眼中的「緊俏貨」。為什麼呢？因為「小鳥依人」是一種依戀，依戀是親密與激情的混合體，散發著獨具魅力的芬芳。而依賴是一朵豔麗的毒蘑菇，消耗著男人的精力與心情，依賴中的女人，大多是可悲而又可憐的。

於是，有些女人當需要漂亮的時候，希望男人會為自己精心地挑選時尚漂亮的服裝；當需要浪漫的時候，希望男人會為自己安排浪漫的燭光晚餐；當生病的時候，希望男人能噓寒問暖、體貼地照顧自己；當感到寒冷的時候，希望男人會悄悄地生起爐火，抱著自己一起取暖……

男人可以為你安排你想要的，可以給你無微不至的關愛，但是當男人離開你的時候，你怎麼辦？從此不去逛街，不進餐廳，不看醫生，忍受冰冷？

要知道，把命運交給男人的女人，就像上了天的風箏，雖然可以愜意地飛入雲端，可以歡快地享受微風，但只要男人鬆開手中的線，你就會飄得不知所終，迷失自我。

林子瓊是一個溫柔嫻靜的女孩子，作為家中的獨生女，她從小就在父母的安排下學習、生活，早已習慣了這種令她備感安全的依賴。

大學畢業以後，她沒有自己出去找工作，而是在父母的幫助下，進入了一家大型企業。相對於辦公室裏那些年過半百的大媽級同事來說，林子瓊的到來，立刻讓昔日死氣沉沉的辦公室，變得活躍熱鬧起來，同事對林子瓊也是照顧有加。

　　對於剛剛工作的新人來說，同事們的幫助，能夠讓自己更快地融入工作當中，但如果事無鉅細的幫助，就該讓人警惕了。可林子瓊並沒有意識到這點。所以，慢慢地，林子瓊對辦公室裏的同事們，也就在不知不覺中產生了一種強烈的依賴心理，習慣了過著處處有人照顧和幫助的辦公室生活。每當她在工作中遇到問題時，她首先想到的不是自己如何來解決，而想當然地環顧四周，看看有誰能替她解決。

　　現在，林子瓊結婚已經快四年了，但總還像個小孩一樣依賴著丈夫。平時，林子瓊幾乎沒什麼朋友，一下班就回家與丈夫黏在一起，交際圈子的狹小，讓她越發地依賴丈夫，小到每天穿什麼衣服，大到工作上碰到的難題，她都要靠丈夫拿主意。

　　因此，每當丈夫出差超過一個星期，林子瓊就會感到六神無主坐立不安。她一個人在晚上睡覺總覺得沒有安全感，整天悶悶不樂甚至發脾氣。不僅如此，這段時間對待工作，她也提不起熱情了。這種情況有過好幾次，林子瓊的丈夫在外地給她打電話，她就在電話裏哭了起來，一個勁地要丈夫快點回來。

　　林子瓊說，她真的特別害怕丈夫不在身邊的那種感覺，她會感覺心裏空蕩蕩的、彷彿少了什麼似的，心情也會很煩躁，並且覺得日子特別漫長，總不能使自己變得開心起來。

　　這種性格的女人無論做什麼事情，都要靠別人，不論走到哪裡或做任何事情，若沒有他人在場，就不知該如何是好。即使一個人單獨行動，但心中所想的還是依賴別人，認為自己不懂的事，只要問別人就行了。因此在遭遇困難的時候，她們往往想到的不是如何解決問題，而只是想會不會有人來幫助自己。

　　雖然這種女人也會讓人產生小鳥依人的感覺，但是時間久了，任何人可能都會受不了。的確，小鳥依人可能表現出女人性格溫柔的一面，可是讓這種溫柔變成習慣性的依賴，那就危險了。一旦男

人離開你，你的生活就會變成一片黑暗，沒有了方向，沒有了目標，你就如一只斷了線的風箏。

獨立的女人，雖然沒有小鳥依人的可愛，失去了楚楚動人、惹人憐愛的淚眸，但她風風火火的行事作風，敢作敢為的勇氣，同樣不失讓人眼前一亮的瞬間。

獨立的女人，永遠不會將命運交給男人，從不迷失自己。有男人在身邊，就享受兩個人的浪漫，男人不在身邊，就享受一個人的精彩。

聰明女孩就是這樣獨立的女人，在她們的字典裏從來沒有「依賴」二字，在她們的命運之書上，從來沒有女人註定永遠臣服於男人的定律，更沒有拱手出讓自己命運的說法。

當然，聰明女孩不會拒絕男人的浪漫和呵護，她們會盡情地享受被照顧的感覺。當男人忙碌時，她們卻有更加忙碌的事；男人不在身邊時，可以一個人到沙灘曬太陽……

沒錯，男人或許會包容你、呵護你，將你捧在手心，這是他們的權利，卻不是義務。當男人因某種原因而放棄愛你時，請不要失去重心，迷失了方向，更別讓自己跌入谷底。

聰明女孩不做躲在男人臂膀之下瑟瑟發抖、尋求溫暖和安全的金絲雀，而是與他們共翔海上，呼喚風雨的海燕。

聰明女孩是天空中翱翔的鴻雁，是水中自由自在的魚兒，是花叢中翩翩起舞的蝴蝶，是山間風中的野菊花……在世間，她們用自己的方式，展現著屬於自己的美麗。

小鳥如何大變身

遇到問題時，不要慌亂地拿起電話亂撥一通請求幫助，而是先要冷靜地想解決問題的方法；如果不能確定自己的做法是否正確，再去徵求別人的意見也不遲。

克服依賴別人的毛病，不再大事小情都要別人來做主，列出你經常會依賴別人的事例，一項一項地克服，這樣，用不了多久，就能夠練成「萬事不求人」了！

習慣一個人的生活，沒有人陪也不要躲在家中吃泡麵，一個人也可以逛街，可以享受美味，可以看電影……

愛情短信

今生我註定和你相遇、相愛、相知、相許，只要在一起，吃什麼苦都願意；今生我註定和你相遇、相戀、相守、相依擁，有著你我就覺得充滿勇氣，只想永遠愛著你！

Chapter 08

挑起激情：
不斷給愛情鋪上
「保鮮膜」

聰明女孩施小愛得大愛

　　有這麼一對年輕戀人，總在爭吵誰先對誰好。女的說：「你得先對我好，我才對你好！你不對我好，就甭想我對你好！」男的也不服氣：「憑什麼要我先對你好？」

　　即使是在熱戀中，他們誰也不願主動為對方多做點效勞服務的事情。女的覺得那樣做了，她就降低了身分，成了男人的奴僕；男的也覺得不該去伺候女的，那樣他的「大男人」身分，就受到了貶損。

　　直至婚後，他們之間極端的「男權」與「女權」的戰爭，不僅從未停息，反而愈演愈烈。在家務事中，誰也不能心甘情願多做一些，為此時常爭吵。

　　悲劇終於發生。男人與另外一個女人相識並相愛，在這個女人無私的關愛下，男人感悟到了「愛情就是互為奴僕」的偉大哲理，全身心地對這個女人進行回報和奉獻，而他原先的婚姻也終於解體。在此之前，他的妻子竟心甘情願放下「女權主義」的自尊，來全心挽救這份婚姻，但丈夫那邊卻已是「愛到盡頭，覆水難收」了。

　　這個案例告訴女人，愛是不能單向索取的。你不能斤斤計較，男人給了你多少，再視情況給他多少「愛」。聰明的女人應該是個調情高手，她只要懷著濃烈的愛心，體貼自己的男人，反而容易激起他對你更大的回報。

　　有時候，愛的付出體現在一些小事上，費力不大，卻影響不小，可令男人深為感動並懷念你的好，換得更深摯的關愛。

　　要想籠絡住意中人的心，就得從日常生活中的細節入手，去打

動他。以下給你提供幾種討他歡心的方法，相信會讓他加倍迷戀你。

❶ 寵寵他的口味

你有沒有注意過，他特別喜歡的小點心是什麼？也許是牛肉乾，也許是鳳梨酥；只要他說過，你能放在心上，那就最棒了。就算他從來沒說過，你也可以觀察到：上次買某種點心回家，他吃得好開心。這些都是讓他快樂的「線索」。

「點心」當然不能當飯吃，天天吃，也不是人人都負擔得起；更何況天天吃就不稀奇了，還容易生厭。所以，不定期地、隔些時候買一樣他最愛吃的東西，寵寵他的口舌，那份點心裏便藏著濃濃的愛意。尤其是，在你出差或旅遊的時候，若能惦記著他愛吃的東西，為他帶回家，更能讓他開心得不得了。

❷ 謝謝他的「好」

當他為你做了一件事，不管那是需要花很多時間的「大事」，或是很容易做的「舉手之勞」，你都可以鄭重地表示你的感激。一方面這是很好的習慣，表示別人對你好，你都放在心上；另一方面，這是絕佳的示範，讓你的男人，也學會對你付出的點點滴滴都放在心頭。

你可能沒有這樣的習慣，或不覺得它很重要。讓我為你舉些例子，你便可以舉一反三：

你的男人把碗洗好了，你拿一張擦手紙或一條毛巾給他，對著他甜甜一笑，說：「謝謝你，辛苦了！」

你的男人為你拿來一杯茶，你馬上說：「啊！謝謝！你怎麼知道我正想喝？」

❸ 要抓心，先抓胃

也許你聽他講過，「媽媽的味道」如何令他懷念不已，或者你自己也在他家吃過一道他最喜歡的菜；甚至，那道讓他迷戀的大菜，是在某家餐館裏吃到的。首先，你要做的是：虛心地向他的母親（或廚師）請教食譜；其次，你不妨請半天假，把材料買齊，用「做實驗」一樣的心情，慢慢地做做看。

可能第一次做得不太成功，不過沒關係；重點是：你的男人看到你這樣細心地安慰他對某道菜的「鄉愁」，也就感動得不得了啦！

❹ 製造美麗的意外

你知道他每天的路徑嗎？什麼地方是他可能經過或出現的地方呢？公司唯一的電梯口？他習慣泊車的那個停車場？公車站？⋯⋯

如果你有把握，大概幾點鐘，他會從哪個地方出現，你便可以偶爾給他這種驚喜──好好地策劃一番，和他不期而遇；把自己當作禮物，「送」到他面前。

你甚至可以玩這樣的遊戲：他快下班時在他公司附近的街角打電話給他，但別告訴他你在哪裡；最好讓他誤以為你在家裏。等他走出公司，赫然發現你在他面前，那種驚喜是很戲劇性的。

不過，可惜的是，這種遊戲大概只能玩一次，太經常就沒有這麼好「騙」了，也沒這麼驚喜了。而且，這種驚喜不一定要安排在生日那天；可以只是兩人想出去吃個飯、獨處一下的時候，甚至也可以「哪裡都不想去，只想一起結伴回家」。

同樣的驚喜也可以安排在「飛機場」、「火車站」；你沒有說要去接他，卻突然出現，他一定非常感動。

❺ 幫他梳梳頭，給他幸福感

當他洗完頭、濕淋淋地走出浴室的時候，你會做什麼？視若無

睬？丟給他一條毛巾？或者，幫他把頭髮吹乾？

如果你能拎一條乾毛巾，親自為他擦拭，再用吹風機幫他吹乾頭髮，你的男人一定覺得自己很幸福。

吹頭髮的時候，一手拿著吹風機，一手要把濕頭髮弄鬆、撥開，吹出好看的髮型……做這個親暱的工作，你一定得「近距離」操作，而且有肌膚之親。於是，就這麼挨挨碰碰、磨磨蹭蹭之下，怎能不親密呢！

如果你的男人一向自己吹乾頭髮，你可以問：「今天你要不要洗頭？我可以幫你吹喔！」

你的男人可能不敢相信自己那麼幸福，說不定他會假意地推辭一番：「不用啦！」不過，通常只要你堅持一下，他就會乖乖地「就範」，而且還會在心裏產生幾分對你的好感。

❻ 把他當大男孩哄

男人傷心的時候，像個「大男孩」。這時的你不妨挨著他坐，雙手環抱著他，靜靜地陪伴著他。

❼ 給他關懷更給他激勵

印象中的男子漢總是剛毅勇敢，俠肝柔腸。但戀愛久了，也許你會發現並非如此。

現代社會中，隨著生活節奏的加快，人們日益困惑和苦悶。男性的心理負荷愈加沉重。人們需要通過各種方式和管道發洩心中的鬱悶，以緩解緊張的情緒，尋求安慰和平衡。

對生活缺乏應有信心的人，有如淤灘上的駁船，灰暗而毫無生氣。奧地利詩人里爾克有句名言：「挺住，意味著一切。」清醒而沉靜地面對生活，遠離焦躁和沮喪的人，其生命已進入另一種境界，這需要長時間的歷練。

愛情不是盆景，精緻而脆弱。它是一株實實在在的樹，狂風襲

來時，人們需要它粗壯的枝幹用來依靠；赤日當頭時，人們需要它的濃蔭來做庇護。你應該提醒男友認識到自身對愛情應負的責任，而責任恰恰能成為動力。

給他關懷的同時別忘了激勵，這樣才能使他不斷暗淡下去的生活，得以重現光芒，愛情的天空才能晴朗，愛的翅膀才能「在不可言狀的幸福中棲落」。

❽ 個性傳情法

雙方相戀的初期，情書是試探窺測對方思想的「投路石」；相戀的中期，它是增強深化雙方感情的「加速器」；相戀的後期，它是消融解釋兩人不爽的「潤滑劑」。

在今天的網路時代，時髦的男女們都青睞於「網上愛情」，「伊妹兒」成為感情的新載體，很少有人鋪紙動筆寫情書。

無論何種現代通信手段，提高的都是效率，追求的是便利，從意境格調，浪漫溫馨等多方面來說，誰也無法代替情書的功能。試想窗前燈下，夜深人靜，鋪一張素箋，靜靜地編織自己的情絲愛網，是一種什麼樣的享受？對另一方來說，收到一封情書，看著秀麗的字跡，讀著滾燙的詞語，似乎從這張花箋上，都能嗅到戀人的氣息。這是冷冰冰的電腦與標準字體，無法傳達的一種奧妙感覺。

聰明女孩不嘮叨

女孩一旦染上嘮叨的毛病，就會使男人退避三舍，除非他是個聾子。如何避免嘮叨呢？

（1）不重複講話。要知道，嘮叨只不過會讓他更想要拒絕，並下定決心絕不屈服於你。如果你提醒丈夫六、七次，說他曾經答應過要陪你去買菜卻沒有去，想必他現在大概也不會再陪你上市場了，那你又何必還要浪費唇舌？所以，任何人家不想聽的話，只講一次就夠了。

（2）用溫和的口吻表達你的看法。「用甜的東西抓蒼蠅，要比用酸東西有效多了。」要想達到你的目的，不妨使用一些溫和的方法。「親愛的，我真高興看到你把我們的蘭花盆栽，移植得這麼漂亮整齊。過年時，大家一定會稱讚這幾盆蘭花。」這些柔性說法以及其他類似的方法，都能幫你達成心願。

（3）不計較小事。對任何小事都不高興的人，或對任何事都斤斤計較的人，早晚會精神崩潰的。所以說，同樣一件事，不要氣兩次，氣過就算了，不要經常想。然而，我們常見一些女孩，為一件小事緊繃著臉，為一些微不足道的瑣碎小事生一天的氣，最後把甜蜜的愛情，轉化成相互指責的怨恨。

（4）冷靜地討論。當爭吵發生時都不要說什麼話，然後，等到雙方都冷靜和安靜下來的時候，再把它拿出來共同討論。如果它只是很微小而且不重要的事情，相信你們一定已把它拋在腦後，忘了有這回事，或不好意思再提它。

其實天很藍，陰雲終要散；其實海不寬，此岸連彼岸；其實淚也甜，當你心如願；其實生活很美好，只要你樂觀；其實我要你，開心每一天！

鬥嘴也可以調劑愛情生活

　　戀人間的鬥嘴，從形式上看和吵嘴很相似。你有來言我有去語；你奚落我，我挖苦你；毫不相讓，錙銖必較。但是鬥嘴和吵架有本質上的區別，吵架帶有人身攻擊性，而鬥嘴具有形式上尖銳而實質上柔和的特點。很多時候，鬥嘴比直抒胸臆式的甜言蜜語，有更大的展示情人間真實感情的空間。

　　因此，現實生活中，沐浴愛河的許多青年男女，都喜歡進行鬥嘴這種語言遊戲，在這種輕鬆浪漫的遊戲中，加深彼此的瞭解，增進相互的感情，同時也調劑愛情生活，使戀愛季節更加多姿多彩。

　　《紅樓夢》第十九回寫寶玉到黛玉房裏，見她睡在那裏，就去推她，黛玉說：「你且到別處去鬧會再來。」寶玉推她道：「我往哪裡去呢？見了別人怪膩的。」

　　黛玉聽了，嗤的一聲笑道：「你既要在這裏，那邊老老實實地坐著，咱們說話兒。」寶玉道：「我也歪著。」

　　黛玉道：「你就歪著。」寶玉道：「沒有枕頭，咱們在一個枕頭上。」

　　黛玉道：「外頭不是有枕頭？拿一個來枕著。」寶玉看了一眼，回來笑道：「那個我不要，也不知是哪個髒婆子的。」

　　黛玉聽了，睜開眼，起身笑道：「真真你是我命中的『天魔星』！請枕這一個。」她把自己的枕頭讓給寶玉，自己又拿一個枕著。

　　這一段「鬥嘴」，就為「搶」一個枕頭，事很小，語言也都是很普通的日常口語，而且黛玉罵得毫不客氣，要在一般關係的男女之間，這一句就會傷了和氣。但在戀人之間，打是情、罵是愛，鬥

嘴只是表示愛的一種活潑而隨意的方式，所以寶玉和黛玉都沒有因鬥嘴而鬥氣，相反，越鬥越親密。

既然鬥嘴是一種有趣的語言遊戲，那麼它和別的遊戲一樣，也有一定的「規則」需要戀人們特別注意。

❶ 要把握好感情的深淺

談話有一個總的原則：「淺交不可深言」，這話同樣適用於戀愛中。如果雙方還處在相互試探、感情朦朧的階段，要想以鬥嘴來加深瞭解，可以選擇一些不涉及雙方感情或個人色彩的一般話題，如爭一爭是住大城市好還是隱居山林好，鬥一鬥是「左撇子」聰明還是「右撇子」聰明等，這樣雙方可以不受拘束，「安全係數」也大。如果已是情深意篤，彼此對對方的性格特點都比較瞭解，鬥嘴就可以嬉笑怒罵，百無禁忌。

❷ 最好不要刺傷對方的自尊

戀人間鬥嘴，最愛用諧謔的話語來挪揄對方，往往免不了誇張與醜化。但是這種誇張與醜化，也要照顧到對方的自尊，最好不要涉及對方很在乎的生理缺陷，或他很敬重的父母，也不要挖苦對方自以為神聖的人和事，否則就有可能自討沒趣，弄得不歡而散。

❸ 要留心對方的心境

鬥嘴因為是唇槍舌劍的交鋒，就需要有一個寬鬆的環境、充分的心靈餘裕，才能享受它的快樂。因此，鬥嘴時要特別注意戀人當時的心境。

❹ 切勿攻擊對方的弱點

每個人都有脆弱的一面，你的配偶不是你的敵人，切勿往「痛處」打，更不可一再揭其瘡疤。否則，他會記恨你一輩子，或者喪失自信心而自暴自棄。

　　俗話說「戀人鬥嘴無贏家」，而且有些事也未必爭得清楚，所以不要硬分高下，或是認為自己吃了虧，心生不平，日後尋機「扳回」。

❺ 速戰速決為宜

　　戀人鬥嘴不宜施展「磨」功，有什麼「氣」儘量放。雙方都要抱著解決問題的積極態度，找出大家都能接受的方案，也可以求同存異，一味沉默較勁，是最糟的爭吵方式。

❻ 別做傻事

　　頭腦不清醒時不可爭吵，如飲酒後應避免鬥嘴；夜深時要克制爭鬥。另外，爭吵之後，不要長期離家不歸，更不能在夜間分床而睡。

　　此外，還必須注意到任何一對伴侶在鬥嘴後，心理上都會有不同程度的後悔感。因此，應抓住時機恢復「友好關係」：該道歉的要道歉，該溫存的去溫存，該親熱的去親熱，該回心轉意的就回心轉意。只有這樣，戀人之間的爭吵，才能實現其積極的心理價值。

　　戀愛中的女孩，當你們已開始對甜言蜜語膩味的時候，當你們之間沒有激情、乏味的時候，當你們之間的生活只剩下鍋碗瓢盆的時候，不要忘了玩玩「鬥嘴」這個遊戲，它可以調劑你們的愛情生活，可以為你們的愛情增色添彩，但需要注意的是，鬥嘴畢竟不同於吵架，一定要口下留情。

責備的話這麼說

不要說:「我知道你就會這樣說。」

而要說:「你以前就曾經這樣說過,所以它一定還在困擾著你。」

當你帶有挖苦地說:「我知道你就會這樣說」時,無異於是在用另一種方式,罵你的男人是個「笨蛋、蠢人」。較為明智的表達,既真誠地考慮到了他的感受,又表明你希望能為解決問題做些什麼。

不要說:「你令我簡直快瘋了。」

而要說:「你那樣做,我真的很難受。」

你得明確是什麼在影響著你的情緒,籠統地否定一切,只會令婚姻關係愈加緊張,「特別是解釋清楚你生氣的理由」極為重要。你需要強調他的行為帶給你的感受,而不要列出一大堆的抱怨和委屈清單。

不要說:「這事你一直就沒做對過。」

而要說:「你是做了很多努力,但用這種方式是不是太費勁了。」

責備你的另一半的行為不當,你往往會指出做這件事正確和錯誤的方法。雖然看上去你的方法可能最好,可事實上它常常是帶有你的主觀偏見。不要吝嗇對他的感激和肯定之詞,這會令他樂於繼續堅持下去。

不要說:「為什麼你總是不聽我說?」

而要說:「這對我真的很重要。」

　　說你的伴侶總是不聽你的，不僅是責備，而且還誇大了怨氣。如果你想讓你的男人不僅聽你說，而且更多地和你交流，就要始終做到心平氣和。

　　不要說：「說得對，我正是要離開你！」

　　而要說：「那樣會給我一種想要離開你的感覺。」

　　威脅聽上去好像很引人注意，但它們往往很危險，而且不給進一步的交談留一點餘地。把那些一觸即發的衝動放在心裏，畢竟你並不是真的想要離開，只要戀人間的關係還沒有破裂，說出真實的感受，有助於接觸到問題的根本。

　　不要說：「沒什麼不對。有什麼讓你覺得不對的？」

　　而要說：「是的，有些事確實有問題。」

　　迴避問題只會讓事情更糟，你的痛苦會將你們的關係拋向更為混亂的境地，並逐漸深化。首先，承認有不對勁的地方，這麼做有助於消除緊張氣氛，並使你們兩人處於尋求解決之道的同一條路徑上。

愛情短信

　　我有十萬個我愛你，每天分一個給你，那可以分兩百七十三年又三百五十五天，但是我們都活不了那麼久，所以我下輩子、下下輩子都還要繼續說：我愛你！

防止愛情「腐爛」的9種方法

談過戀愛的人都知道，戀愛之初卿卿我我、甜甜蜜蜜，可是一段時間後，戀愛的激情就被平淡無奇的生活，衝擊得無影無蹤。

為什麼曾經如此相愛的兩個人，沒有激情了呢？這是由於隨著長時間的相處和瞭解，彼此之間的新鮮感和神秘感漸漸消失，而且隨著關係的確立，雙方都不再矜持，也不再進行印象整飾，各自真實的一面都暴露無遺。此外，生活的單調乏味，使得相戀的兩個人，每天重複著相似的活動內容，時間久了，激情也就漸漸地消磨殆盡。

戀愛不是一勞永逸的，它需要發展，只有不斷充實，不斷更新，給愛增添新的活力，愛情之樹才能枝繁葉茂。以為戀愛關係確立就達到目的了，那麼這樣的愛情之花終會枯萎。另外，我們要看到，任何一段感情都必須經歷這個階段，你所看到的戀人，幸福地花前月下只是一個方面，可能他的內心也和你一樣，曾經經歷過彷徨和苦悶，以此為藉口和男友爭吵不是明智的做法，應當學會用建設性的方式來解決問題，與戀人談一談，看看問題究竟出在什麼地方，嘗試著重新找回失去的激情。

愛情就像是水果，如果不學會保鮮的方法，就會讓其慢慢腐爛。愛情保鮮的方法有很多種，但是要因人而異，以下介紹的幾種方法，可以幫助你將愛情保鮮到底。

（1）嘗試一些刺激的活動。國外的一項測試表明，強烈刺激的運動，能夠激起人體內在的情感。你有多久沒和愛人一起去跳舞了呢？你們去滑雪了嗎？不妨帶著自己喜歡的人，去做一些這樣的運動，讓你們手牽手一起去感受刺激，找回熱戀中的感覺。

（2）**相互分享秘密**。在生活和工作中，肯定會有不少的小秘密，不妨跟你的愛人分享一下，一方面對方會認為你對他足夠信任，另一方面可以瞭解她的處世態度，你們之間也會有更多的話題。分享小秘密其實是件很開心的事情，能夠拉近和愛人之間的距離。

（3）**將第一次約會的場景重現**。第一次約會的場景，是每對戀人都無法忘記的，也是最浪漫的，會在人生中留下美好的回憶。如果你能在適當的時候，將第一次約會的場景重現，那女友將會再次愛上你，而你們的感情也會越來越深厚。重現第一次約會的場景，其實就是製造浪漫，浪漫是打動女孩最好的方法。

（4）**偶爾使用一下網路傳情**。現在大部分年輕人，喜歡用網路來分享自己的喜怒哀樂，不妨藉助網路給女朋友發一封 E-mail，用時尚的管道向她表達你的愛和牽掛，這樣偶爾的小驚喜。往往會讓女孩感動，而當你們之間有了矛盾的時候，同樣可以通過網路來解除矛盾，將問題解釋清楚，以免長時間的誤會造成感情的破裂。

（5）**學會從另一個角度去瞭解對方**。看到對方的另一面。每個人都有多面性，在不同的環境、不同的時間，一個人會表現出他不同的一面。試著多方面、多角度地去認識女友，瞭解得多了，那麼對她的愛也就會更多。如果你只看到她好的一面，那就說明你對她還不夠瞭解，你們的愛情還沒有到很深的程度。

（6）**學會增加新鮮感，愛情保鮮最主要的一點就是要經常給對方一些新鮮感**。這些新鮮感可以通過生活中的小細節來表現。上班之前在門上貼一張小紙條，上面寫上「我愛你」。當對方打開門，看到這三個字時，心裏會有莫名的感動。在對方還沒有回家的時候，在家裏點滿蠟燭，準備好鮮花，這些足夠讓對方感動得一塌糊塗。切記，相同的浪漫不要重複出現。每次的心意會讓對方知道，你一直在為你們之間的愛而努力，適當的引誘，會勾起對方強

烈的激情和深深的愛意。

（7）**一些小遊戲可以點綴閒暇的生活。**週末休息，不是一定要陪愛人逛街、吃飯、看電影，兩個人可以待在家裏，享受家庭的溫暖，同樣能讓週末變得幸福無比。

（8）**偶爾一起旅行。**放長假的時候不妨帶著女友去旅行，兩個人手牽手漫步在異鄉的土壤上，會更加堅信彼此以後可以牽手走過一輩子。而旅行的輕鬆，也會掃去工作和生活的壓力，讓兩個人的回憶變得更加豐富。

（9）**小小的叛逆也是必要的。**小的時候，很多人都喜歡做一些叛逆的事情，因為在叛逆的時候通常會感覺到刺激。戀人之間也應該偶爾尋找刺激的感覺。

總之，讓愛情保鮮的方法很多，關鍵是要真心希望自己的愛情能夠長久，抱著這樣的心態，你做的每件事才有意義，才能被對方看在眼裏，記在心上。

克服愛情的枯燥和乏味

❶ 面對問題，不要視而不見

不要聽到「我也感到厭倦了」就怒不可遏。不管對自己，還是對兩個人，你們都有責任完全投入，努力成為有趣的人。你們必須找出愛情的問題，並達成默契，互相理解，解決問題。

❷ 一同增添生活的情趣

改變一成不變的週末活動。一起做原來不會做的事情，比

如參觀博物館，遊覽你們所在的城市或從事新的運動。

　　從事一項沒有愛人參與的活動，有助於個人的成長，參加成人教育課程或志願者工作。

❸ 獨自或和愛人一起改變形象

　　不同的髮型讓他人感覺你像變了一個人；改變口紅的顏色；買一套新衣服；如果你喜歡穿黑色或中性的顏色，那麼就裝飾一件顏色鮮豔的圍巾或領帶，一起到健身房或美容院渡過週末。

❹ 改變戀愛風格

　　既然你明白愛人的戀愛風格比你的合理，那麼就讓你的甜言蜜語和行動，滿足愛人原來沒有得到關照的需要和慾望。

❺ 回憶過去

　　也許，工作、家庭和其他方面的責任，使你們無法像從前一樣共度美好時光，那就一同回憶過去吧。

❻ 約會

　　訂婚、同居或結婚後的戀人，就不再選擇特殊的時間出去共進晚餐或看電影。他們與家人和朋友聚會、待在家裏、做家務、把工作拿回家裏完成。

❼ 創造私人空間

　　如果你們從不分開，就很難真正在一起。留出獨處的時間，即使是在客廳角落的一把椅子上，也可以留出屬於你自己的空間。重新為自己的情感加油，你就會更好地與愛人溝通。

　　流星劃過天際，我錯過了許願；浪花拍上岩石，我錯過了祝福；故事講了一遍，我錯過了聆聽；人生只有一回，我慶幸沒有錯過你！

甜蜜的愛情有時需要加點「醋」

　　古龍曾經說過一句傳世名言：世界上不吃飯的女人還有幾個，而不吃醋的女人一個都沒有。其實，在戀愛裏添點油吃點「醋」，是非常必要的，不然很可能就在索然無味裏斷送了二人的未來。不管你是經常偷偷摸摸地吃，還是偶爾光明正大地吃，一旦出現有威脅有證據的嫌疑女，醋不僅要吃，還要狠吃，把他出軌的意圖，淹沒溶解在你的醋缸裏。

　　醋溜白菜要是沒有醋作佐料，那名字就要改為鹽巴白菜了。為讓愛能時時釋放出誘人的香味，那就要給愛加點調料，加點浪漫的酸溜溜的味道，這道菜才會成為美味。

　　走進婚姻的這幾年，丫丫一直精心地培育著二人世界的愛情之花，用心烹調著愛情的美味佳餚，適時地給愛情加點作料，給愛情一個酸溜溜的感覺。現在的丫丫算是一個烹飪高手，把老公給酸的服服貼貼的。

　　「醋」可算是愛情的「調味劑」，如炒菜加點醋，味會更鮮一樣，給愛情加點「醋」，能使愛情的菜肴香氣四溢。

　　丫丫有時吃醋吃得令人啼笑皆非。她會吃路人的「醋」，吃小說、電視、電腦的「醋」，甚至還會吃孩子的「醋」。走在街上，看見老公偶遇美女，難免會多看幾眼，稱讚一句，丫丫便會語帶酸氣地說：「你的視力什麼時候下降了？我可比她們靚麗多了。你要看美女，看我就行了。」當老公熬夜看小說、看電視、打電腦時，她也會酸酸地說：「你愛它們比愛我多，寧願花時間陪它們也不陪我。」當老公和乖兒子一起鬧的時候，丫丫會裝著難過的樣子：「你怎不和我親熱親熱呢。」讓愛情適當地吃一點「醋」，就會增

加一分愛。

　　一個女人如果愛她的男人，就會時時處處關注男人的一切，包括男人的身體、情緒、愛好，以及他身邊的女人。當看到自己的男人和別的女人在言語上過於親密，或者在行為上有一些偏差的時候，就會自然而然地產生一種條件反射，這種條件反射，其實是一種對愛情和家庭的保護，因為任何一個愛男人、愛家庭的女人，都不希望自己的男人移情別戀，而是希望男人的心裏只有一個她。所以說，一個女人吃這樣的醋是應該的、正常的，是合乎情理的。假如一個女人對男人，無論怎樣的燈紅酒綠都不再過問，漠然不理，這也算是男人的悲哀，那其實也證明女人不再愛自己的男人了，自己的女人沒有絲毫醋勁，也就意味著在生活中沒有愛他的女人。

　　適當地吃醋會讓你所愛的人，更加強烈地感受到你對他的愛，讓他感受到你對他的強烈在乎與看重。儘管吃醋是女人的本能，但是女人也不能對吃醋過於敏感。任何事情都有其兩面性，一旦過度，就會適得其反。在競爭日益激烈的今天，誰都避免不了與周圍的男人、女人打交道，處理複雜的人際關係。當丈夫身邊出現一位漂亮能幹的女同事，如果對其疑神疑鬼，認定兩者之間有不可告人的秘密，那只能破壞本來和諧的夫妻關係。其實，仔細想一想，許多令人痛心的惡果，都是女人在不經意間種下的。

　　但吃醋需有「度」——既不能過分、過激、過火，更不可「走火入魔」，失去理智。

　　曾經流行過這樣一幅漫畫：一個丈夫和妻子在逛街，忽然有一妙齡女子從他們身邊走過，丈夫的眼神不由得跟了過去，妻子見狀，拉著丈夫快走幾步，以迅雷不及掩耳之勢，摸了摸女子的屁股。女子扭頭大怒，妻子趁機罵起丈夫來：「你個沒良心的，我在邊上站著，你還敢輕薄其他女人！」妙齡女子走上前去，對著那個看似無辜的丈夫就是一巴掌，妻子暗暗得意：「看你還敢看美

女！」從此，丈夫再也不敢和妻子一起去逛街了。

看完，細細品味，我們是該同情無辜的丈夫呢，還是佩服他「聰明」的妻子？

儘管吃醋對於一個女人來說是一種本能，但失「度」的「吃醋」不僅無益，而且還會成為「洪水猛獸」，導致感情破裂，家庭破碎，甚至會發展為傷害對方的暴力事件。可見，失「度」的「吃醋」，是一個可怕的「殺手」。為此，提醒熱戀中的情侶，把握好吃醋的「度」，的確有必要。

真正聰明的女孩，她在打翻醋罐子的時候，也會趁機添加一些別的調味品，比如理解、信任。醋罐子倒地時發出的那種刺耳的聲音，頓然變得柔和，以至於使對方內心有了一種歉疚感，以後對自己便更加關愛。

女孩，不管你以哪種方式吃醋，吃什麼醋，吃多少醋，都要切記吃的是醋，亮出來的是愛！

戀愛指南

把握「吃醋」的度

女人吃醋是一種愛的體現，是一種專心、一種專利，同時也是一種讓愛延續的催化劑。但是吃醋要有一個「度」。

對「吃醋」要有所控制，必須保持頭腦清醒、冷靜。這樣就會注意場合，給對方留有餘地，特別是不能當著眾人的面「甩醋罐子」。

要講點「吃醋」的藝術，比如不直接吃醋，用輕鬆的小玩笑來表達，這樣就容易被對方接受。

要適可而止。如果對方對你的吃醋已經有所察覺，你就應

該「剎車」，不必「窮追猛打」。如果對方已經有所認識，或做了保證，更應該給予充分的信任。

不可「走火入魔」，包括胡思亂想、疑神疑鬼。男女間的接觸、交往，以及互相幫助，這是很正常的事，如果以此為依據，陷入沒有理智的猜疑之中，「吃醋」就會釀成禍水。再說，夫妻、戀人之間的交往，應該建立在瞭解信任對方的基礎上，既然你瞭解、信任自己的丈夫，就不能捕風捉影，胡亂猜疑。如果你已經到了不瞭解、不信任對方的地步，也就沒有必要猜疑，也不值得「吃醋」了。

愛情短信

所有的美麗都源於真摯與坦誠，雖然幸福會轉瞬即逝，快樂卻能持久，一份真誠的祝福，一聲真摯的問候，願你快樂每一天！

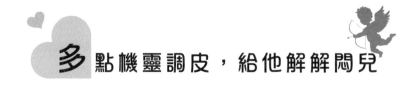

多點機靈調皮，給他解解悶兒

看到「機靈調皮」這個詞，叫人第一個聯想到的，恐怕就是金庸小說裏那個調皮搗蛋的俏黃蓉。金庸武俠多美女，這是不爭的事實。而黃蓉堪稱金庸筆下「第一女子」，她的光彩非一般女子可比。

黃蓉是世間少有的全才女子。琴棋書畫信手拈來，經史子集無一不通，奇門遁甲家常便飯，文治武功不在話下，德容言工樣樣齊全，烹飪女紅更是令人讚歎。「女中諸葛」的名號不是徒有其表，家中瑣事、上陣殺敵、出謀劃策她都得心應手。

黃蓉第一次出場，是一個小叫花子，在小攤上偷吃東西。遇到郭靖時她處處刁難他，又是讓人家請酒，又是要他的寶馬，真是刁鑽又可愛；遇到周伯通時，她像個小孩子；遇到傻姑時，她又像逗小孩子一樣逗傻姑；遇到洪七公，她詼諧；遇到一燈時，她嚴肅；對她父親，是亦父亦友；對待敵人，她在盈盈笑語間，便令他們灰飛煙滅。黃蓉機智狡猾之中帶著調皮，遊戲人間之中略顯大氣，彷彿是天上掉下的精靈。她稀奇古怪的手段，使得西毒叔侄望而卻步。憑著聰明伶俐，她陪著郭靖走南闖北，處處化險為夷。

在蒙受不白之冤時，她覺得郭靖愛他師父遠甚於愛她，於是她決定去找爹爹。郭靖要娶華箏，她說，靖哥哥心中只有她一個，她也這樣，靖哥哥娶別人，她也要嫁別人，反正黃老邪的女兒不能吃虧。這些念頭真是又古怪又可愛，而且充滿了理智。她不會因愛生恨，也不會花開花落、花落花開地去寂寞一生。

黃蓉與郭靖第一次見面，郭靖就把自己愛若性命的汗血寶馬送給了她。由此可見，蓉兒的機靈與可愛，哪怕是扮作叫花子，都是

很有吸引力的。可見，就算是金庸把黃蓉寫成相貌平平，還是會有許多人喜歡她。

金庸大俠筆下刁鑽古怪、機敏狡猾的精靈女子，還有一個趙敏。她登場就是個反派角色，彈指間收拾了六大門派，代表朝廷把明教大教主張無忌糊弄一番，處處牽著他的鼻子走。可是，她又會不時要些小性子，「臉頰羞紅，眼波流動」，帶著小女人的嬌憨。她看到自己送給張無忌的珠花戴在小昭頭上，瞬間的妒忌和勃怒，讓她指使身邊的死士「卸下張無忌的兩隻胳膊」。等到張無忌有求於她，向她求解藥救人時，她又開心起來。

趙敏曾在張無忌的手腕上狠咬一口，問其原因，她卻說：「當時你咬了殷姑娘一口，她隔了這麼久，還是念念不忘於你。我聽她說話的口氣啊，只怕一輩子也忘不了。我也咬你一口，也要叫你一輩子忘不了我。」趙敏的這個出人意料的舉動，和對「咬人」的可愛理解，再加上這番天真而深情的解釋，是多麼美好動人啊！

黃蓉的機靈調皮，無處不透著可愛，趙敏的刁鑽機敏，叫人欽佩之餘又有些敬畏。可愛也好，敬畏也罷，總有好男兒被她們俘虜，愛她們愛得神魂顛倒，肝腸寸斷。古靈精怪的女子，就是這麼讓人又恨又愛。

現實生活中，機靈精怪、刁鑽調皮的女孩，也深受男人的喜愛。

男孩和女孩結婚一年多了，平日裏都有自己的工作，下班後都是累得如同一攤爛泥，所以家務事不可能全部包在一個人身上，於是男孩和女孩，決定採用最古老又是最先進的方式——分工。

於是掌握家中大權的女孩開始「合理」分工，「老公，髒活、累活應該是男人做的哦！」

「對！」男孩應道。

「所以，拖地，刷馬桶，擦桌子、椅子、沙發……這些活都是

你做了！」男孩點點頭。

女孩繼續分工：「你的理工科比我學得好，為了避免破壞家中設施，所以帶電的工作也是由你來做囉？」

男孩說：「當然，你那笨手笨腳的樣兒！」

女孩瞪了男孩一眼，接著說：「男主外，所以跟外人打交道的工作也是交給你！」

男孩仔細想了想，家務事中還能有什麼跟外人打交道的呢？於是點點頭說道：「好吧！」

「也就是說，」女孩壞壞地笑了一下，「買菜、繳水電費、拿報紙……這些都是你的事了！」

男孩一愣，「買菜怎麼也要我？」

「你都答應了，不能說話不算數！」女孩嚴肅起來。

「好好好，沒有了吧？」

「急什麼啊！廚房的油煙大，你可不想讓我提前步入滿臉皺紋的年代吧！那樣我可沒臉見人，只能在家待著了！」

男孩張大了嘴：「所以？」

「所以，做飯也得你來做！」

「那你呢？你做什麼？」

女孩微笑著靠在男孩身上：「我要做的也很多呢，我要在你做事的時候陪著你，監督你的品質，你做得好了，我還要誇獎你呢！如果你做得非常棒，說不定，我還會獎勵你！」說完，對男孩拋個最「狐狸精」的媚眼。

男孩很無奈，沒辦法，誰讓自己娶了這麼一個霸道的老婆呢！

女孩聰明就在不知不覺中，把「無理」的要求變成「合理」要求，她知道男人都不希望老婆去做又髒又累的事，不希望老婆常跟外人打交道成為「主外」，更不希望自己的老婆提早衰老、滿臉皺紋。因此，對於女孩的精靈刁蠻，看似很合理，男人自然也沒什麼

好辯解的，只好接受！

　　機靈調皮的女孩，靈氣逼人，刁鑽古怪。她有用不完的鬼點子，淘氣是她的招牌，出其不意是她的撒手鐧。即便是這樣，男孩還是會喜歡她，因為她可愛，沒有心機，因為有了她生活會充滿樂趣，有了她再平淡的日子，也會變得浪漫溫馨。用男人的話說：「她在折磨你，在討好你，在傷害你，在撫慰你。她讓你墮落，她讓你迷醉，讓你欲罷不能。」

戀愛指南

　　聰明的女人當然知道，在古靈精怪的同時，也懂得溫柔體貼。

　　給他話語權，耐心聽他把話講完，也許說的是無關緊要、牢騷、抱怨的話，你也要拿出最大的興趣，面帶微笑地聽他講完。

　　明白他有時的安排，可能出於不得已的苦衷，相信他在你的生日那一天，卻安排了跟客戶的約會，並不是因為他不在乎你或不重視你，對他表示理解，告訴他如果改天再慶祝，你一樣會很開心。

　　對他的決定即使不同意，也最好不要當場就翻臉，要知道男人都是很要面子的動物，給他一個緩衝的餘地，讓他知道你對他的決定有些不同的意見。

　　對他工作上的事情儘量少打聽，他有什麼解決不了的煩惱，他會主動告訴你的，千萬不要總當著他的面，說他老闆或員工的壞話，這會讓他很不舒服。

愛情短信

　　當清晨的第一縷陽光照亮大地，我呼吸著新鮮的空氣，清風吹在臉上，是那樣的愜意，我禁不住祈禱：願你今天能夠快快樂樂，開開心心！

永固愛情的12條黃金法則

戀愛有轟轟烈烈的時候，但最終會歸於平淡，歸於柴米油鹽的生活。現實生活中，不知多少對戀人，因為愛情的平淡而選擇了分手。其實，隨著時間的流逝，再激情的生活也會歸於平淡，但是這並不代表，以後的生活就會枯燥乏味。聰明的女孩，善於從細節入手，為平淡的愛情增色添彩，鞏固和戀人之間的關係。

于潔和小東是大學同學，小東在大三那年，經過千辛萬苦才把于潔追到手。大學畢業一年後就結婚了，結婚後小東決定經商，很快有了成就。開始那兩年，丈夫挺顧家，與于潔十分恩愛，但隨著公司的不斷擴大，丈夫越來越忙了，有時就是在市內也不回家過夜。

開始時，于潔很理解丈夫的工作忙，不回家的事並沒在意，但後來，于潔發現丈夫竟同一個女孩形影不離，關係很不一般。于潔把自己一個人關在屋裏，哭了。于潔反思了一下同丈夫相識相知的經過，認定丈夫不是那種壞了良心的人，于潔認為丈夫的移情，一定是自己在某些方面做得不好，她決定採取行動挽回丈夫的心。

于潔開始行動了，她首先把他們的臥室，佈置成他們剛結婚時的模樣。剛結婚時，他們很苦，床單是舊的，一把椅子、一張桌子也是舊的。于潔找出一個舊床單，到舊物市場買來舊椅子、舊桌子。一切佈置好以後，于潔就靜等著丈夫回家了。丈夫回來了，覺得于潔的舉動很奇怪，但于潔只是說她喜歡這樣。

丈夫第二次回家時，于潔請丈夫和她一起聽他們戀愛時喜歡聽的歌、並有意將丈夫當年寫給自己的情書，放在丈夫看得見的地方。丈夫第三次回家時，于潔又拉著丈夫看他們孩子小時候的照

片，同丈夫一起設計孩子的未來。終於，丈夫開始變得愛回家了。

有一次，于潔到另外一個城市出差，預定週五回來的，但由於事情辦得比較順利，所以提前一天返回。當她開開心心走到家門口，想給丈夫一個驚喜時，她聽到丈夫跟一個女孩在家裏說笑得正開心，于潔的眼淚一下子湧了出來，但她沒有衝進屋和丈夫大吵大鬧，而是坐在樓下靜靜地等。

當丈夫送走那女孩，轉過身發現她時，丈夫驚呆了。丈夫問：「你怎麼不進屋？」于潔說：「我看你們談得正高興，怕打擾了你們。」丈夫不再說什麼了。進屋後，丈夫說：「你不懷疑我同那女孩？」于潔說：「不是懷疑，是認定，我早就知道你跟那女孩的關係。」丈夫惶恐了，于潔說：「我瞭解你，你這麼做是一時糊塗，因為你本質上是個好男人、好丈夫、好父親。」丈夫理解了于潔的苦心，因感動而流下了悔恨的淚水。

在以後的日子裏，類似的事情再也沒有發生過，他們生活得比以前更甜蜜。

在平淡的婚姻生活中，難免會出現意想不到的波瀾，聰明的女人知道如何挽救婚姻，使其更甜蜜。于潔就是這樣的一個女人，用愛和理解感動丈夫、贏得丈夫的心，這也展現了一個女人的魅力。

那麼，如何在平淡如水的婚姻生活中，保持你的魅力？如何永遠給愛情保鮮呢？

德國《婦女》雙週刊雜誌，曾登載了美國一位心理學家，通過長期對保持幸福關係的一千多對夫婦的多年調查，總結出了使愛情永固的 14 條黃金法則，認真學習一下，或許對你有不小的啟發呢。

法則❶ 傾聽對方的談話

大部分被調查者在談他們的配偶時都熱情洋溢地說，他（她）

是個非常好的悉心聽我說話的人。他（她）這樣做不是出於禮貌，而是出於真正的興趣。因此，應當給對方一個感覺，他（她）真的是很重要的，儘管他（她）談的都是一些「小」事情。

法則❷ 小心謹慎

幸福就像玻璃，很容易破碎。因此，你的行為舉止，每日都應當是這樣──似乎你是剛剛作出決定，要把你的未來交給他似的。你應當向他表明，你們之間的愛情使你多麼快樂。

法則❸ 皮膚接觸

一天沒有溫情，愛情關係就會縮短兩日，戀人之間也需要經常擁抱。充滿愛意的撫摸，是對心靈的安慰劑。

法則❹ 表達感情

對戀愛來說，感情就是鮮花所需要的水。沒有感情，戀愛關係就會破裂。但是，男女雙方也必須學會表達感情，而且應當鼓勵對方做同樣的事情。

法則❺ 恭維對方

應當每天都這樣做，向對方說些體貼的話，談他的外貌啦，談他的笑啦，談同他一起的生活啦，等等。你投之以桃，他會報之以李。

法則❻ 相互保護

作為情侶，在私下裏說什麼都無所謂，但是在公共場合，你們倆原則上是一個整體。如果你們中的一人受到攻擊，另一個人要幫他。

法則❼ 信任

人們可以以此檢驗一種關係的價值──他是否真的能夠對對方

不抱戒心，真的能夠表裏如一。在別人面前，夫婦大多扮演同一個角色，但在夫妻之間就不必這樣做。夫妻倆的表現越是自然和坦率，就會收到越多的純真和坦誠的回報。這條準則在夫妻共同生活中，是必不可少的。

法則❽ 要有耐心

必須使關係不斷加深發展，但是信任並非一朝一夕能夠產生的，必須有耐心，許多情侶恰恰是在頭幾年犯這樣的錯誤，即對對方的期望太高、太多。你應當清楚：你有的是時間去認識和瞭解對方，只需假以時日。

法則❾ 要真誠

如果對方做的一些事情不合你的意，那麼，你應當和他談談，把事情攤開來。也許不必馬上就和對方談，更不要以爭吵的方式談，而是可以加倍地去愛對方，在平心靜氣的情況下相互交談，而且要做到無話不談。不然的話，對方又怎能知道，你喜歡什麼，不喜歡什麼呢？這也適用於性愛。

法則❿ 原諒缺點

人人都有缺點、弱點，應當允許對方有一些缺點和弱點，你應當微笑著原諒對方的缺點和弱點。凡是堅持這樣做的人，就擁有通往幸福的入場券。

法則⓫ 樂於給空間

老愛打聽對方在做什麼，沒有任何東西，比這更有損於婚姻關係的了。別這樣做！任何人都有權利做他自己非常願意做的事情。

法則⓬ 不要監護

對方早就長大成人，你可以對對方進行循循善誘的勸說，但不要對其進行監護，對方甚至有犯錯誤的權利。

戀愛指南

暱稱讓愛別有風味

暱稱是情人間的心靈密碼，是只屬於兩人的專屬秘密。給另一半取個浪漫的暱稱，就是在告訴對方：這個世界只有我和你。送一個甜蜜的綽號給戀人吧，這會使你們更加親密。你可以用借喻手法，從老公的身材上，總結出幾個不僅形似而且神似的綽號。

首先，比較正常的一類是「寶寶」「貝貝」「乖乖」「親親」之流的，聽著就跟心頭肉兒似的，很多剛談戀愛的男女都喜歡用它們，這些辭彙使用頻率算是最高的一類。

其次一類是以動物來劃分的，「狗狗」「貓貓」「豬豬」「小兔子」，怎麼聽都覺得這一家子像個動物世界，但也覺得怪溫馨的，叫這種稱呼的時候，其實說明了他們心裏對於這份感情不含雜質，是份很純潔的愛。

戀愛一年以後的男女，愛稱對方為「老頭子」「老婆子」，不長不短的愛情旅程，讓他們彼此都覺得有了點天長地久的味道。

愛情短信

月很圓，花很香，祝你身體更健康；魚在游，鳥在叫，祝你天天哈哈笑；歡樂多愛愁少，願你的明天更美好。

Chapter 09

把握自己：
不要賠了感情又失身

身體不是愛情的唯一資本

　　戀愛中的女孩，特別喜愛扮演「犧牲奉獻」的角色，為了愛情可以拋棄一切。現實生活中，為了愛情與家人決裂離家出走的，為了愛情寧願吃苦受累的不在少數，也是古今都有的。隨著社會的進步和開放，很多女孩為了愛情「獻身」的也不少。儘管她們也有對未來的恐慌，但在男友「愛我就該全部都給我」的反覆要求下，同意用身體去奉獻，以為「身體」可以改善愛情。

　　這樣的女孩，往往是因為太在乎對方，擔心會被拋棄，於是「奮不顧身」了，並堅信這樣可以抓牢愛情。可是，很多的事實證明，女孩把自己「獻」出去了，不但沒有享受愛情的幸福，反而造成了自身的不幸。

　　江明菲是一所知名大學的學生，又是獨生女，是父母的掌上明珠。在上學期間，江明菲與一位同學談戀愛。男友多次提出同居的要求，但都被江明菲拒絕了。

　　後來，男友說江明菲不願意把自己交給他，是因為不夠愛他，漸漸地和她疏遠了。江明菲為了留住男友，也為了表明自己對男友是真心的，便答應了男友的要求。有了第一次，便會有第二次。此後，兩人多次發生性行為，最後導致江明菲懷孕。

　　江明菲知道自己懷孕後，內心緊張焦慮，飲食銳減，失眠，唯恐被學校發現遭到開除，於是私吞藥物企圖墮胎，結果沒有成功。

　　由於妊娠反應，江明菲懷孕之事被家人察覺了，這更增加了她的心理壓力。她謊稱有病向學校請假，到一家醫院做人工流產手術。手術進行中，她因疼痛難忍而與醫生配合欠佳，受到醫生的諷刺和責罵。她因而感到羞愧難當，自覺無顏見人。由此她逐漸精神

異常，一天從三樓跳下，造成股骨骨折。

而更讓她悲痛欲絕的是，在她住院期間，男友一次也沒到醫院來看她，而是和另一個女孩在一起遊山玩水。等江明菲出院後質問男友，男友的回答竟是：「你社交廣，朋友多，既然能與我同居，難道就不會和別人發生關係嗎？」

現實生活中，不少女孩有過和江明菲相似的經歷，認為愛情可以用身體來做保證，於是在男友多次要求下，她們奉獻了自己，認為「獻身」了，愛情就可以天長地久。最終失戀了，她們才明白身體不是愛情的資本，但已為時太晚，於是哭鬧、不甘、尋死覓活、報復、還有的破口大罵：這個時代，男人沒有一個好東西。

深受傷害的女孩怎麼也不明白，為什麼自己能給他的都給了，他卻仍然如此絕情絕義地負了自己。

如果對方是為了玩弄你，那麼，目的達到以後，他很快就會「棄舊圖新」，另覓新歡；如果對方也是愛著你的，那麼，你輕率的行為，反而會使對方不再那麼尊重你，有的甚至會發生猜疑：你既然那麼容易「獻身」於我，那麼會不會更輕易地「獻身」於他人呢？還有的是以「只有以身相許，才是真心相愛」為引誘手段的騙子和色狼，一旦你落入他們的陷阱，那就更難以自拔，從而造成終生的悔恨。

真正的愛情意味著極為尊重所愛者的人格，對她的終生幸福負有高度的責任，並且應當互相信賴不作猜疑。「以身相許」與「愛情」風馬牛不相及，因為愛是兩顆心的親近，而不是身體之間的「鍾情」。

除非你做好了足夠的心理準備，否則，最好不要在婚前「獻身」。婚前性行為非但不能鞏固你們的愛情，而且對個人生理、心理以及日後婚姻，都會帶來嚴重的後果。一方面，婚前性行為對身體的危害是顯而易見的，例如有可能染上性病，未婚先孕所導致的

人工流產手術等。另一方面，對心理上也可能造成極大的傷害，例如因為擔心懷孕、害怕得病等，使個人生活和人際關係備受壓力，甚至患上嚴重的憂鬱症；因為對這種性行為存在的羞愧心理，事後感到懊悔和失望，導致意志消沉甚至想到自殺。

「獻身」並不是愛情的潤滑劑，很可能是誘騙你上當的「迷魂湯」。如果你懂得身體是你的寶貴財富，那你就應當百般愛惜，不能輕易「獻」出去。

女孩們，不論你是否認真地投入這場感情，都要學聰明一點。身體不是愛情的唯一資本，當你付出得太容易、太早的時候，結果很可能並不令你滿意，甚至會讓你悔恨一生。

戀愛指南

拒絕婚前性行為的技巧

（1）行為表現要適度、謹慎。這就像剎車，時速是二十公里還是八十公里，剎車比較容易？在約會時你的親密行為不要跨過那個界限，而是應及時剎車。還要注意約會時的穿著，穿戴整齊和袒胸露肩給人的信號是不同的。如何穿著，就要看你的目的了。

（2）要選擇保護自己的環境。戀愛中的人總喜歡找些僻靜黑暗的地方，這可能是兩個人渴望單獨相處，又不被發現的一種心理，在黑暗中，兩個人可以很隨意。但是，最好不要去那麼隱蔽的地方。如果要單獨交流，可以有很多選擇。比如在家裏交談，就選擇家裏有人在的時間，如在外邊談，就選擇白天，而不是太晚的時間，到相對安靜但又開放的環境。

總之，在單獨相處的時候，要事先想好對策，堅持到底，

別人就不能強迫你做什麼，也不會發生不該發生的事情了。

愛情短信

　相愛就像草莓又香又甜，吵架就像辣椒又辣又嗆，思念就像苦瓜又苦又甘，吃醋就像檸檬又酸又澀，把這些綜合起來，卻是愛情最溫暖的回憶！

寧捨同居，選擇婚姻

　　依據美國專業研究者包萊理的調查，現今 35～39 歲的美國人，有一半是未婚同居的。用他的話說，這可不是一件小事，「我們正目擊著一個重大的社會變動，在我們面前發生。當一個社會對性的接受程度達到如此高度時，許多動機善良的人也會開始彷徨：我們是否應該接受同居？就像接受速食、手機和星期五上班可穿休閒服一樣，這只是社會的另一種潮流？你也許會懷疑，是否這麼多對於同居問題的爭論，只是庸人自擾瞎操心？但是作為一個從事與未婚和已婚伴侶打交道的工作超過三十五年的人，我認為這個問題是非常值得關注的。」

　　他進一步分析這些伴侶放棄或延遲婚姻有三大主因：

　　（1）在我們的社會中，婚姻已經失去了它的光澤。大多數人覺得，他們甚至無法找出一個健康可做模範的婚姻。在婚姻表範的匱乏之下，這麼多的年輕人會選擇這種方式，是可以理解的。

　　（2）除了缺乏婚姻的表範之外，上百萬的人在破碎的婚姻中，經歷了極大的痛苦。據一個研究結果的估計，全美有 70% 的人，受到他們父母或他們自己離婚的衝擊。當一個人的生命被破碎的婚姻摧殘了，他會覺得結婚是一件太冒險的事。

　　（3）誰是與自己非常匹配，又能持久相處的對象？大多數的單身者，對此能否做一個正確的判斷，已經失去信心。然而他們對於同伴的需求、性的滿足和充裕經濟的嚮往，促使他們去尋找一個至少可以成為臨時伴侶的人。

　　現實生活中，有很多人贊成婚前同居，尤其是在白領人群中頗為流行。沉重的工作壓力、有限的經濟能力，讓很多渴望有家，

但又不堪承受其沉重的都市白領，選擇了同居生活。網上流行著一種「結婚沒必要論」：「因為不但分不到房子，還得為買房浪費票子；生下的孩子變成太子，光侍候他就少了許多樂子，萬一日久生厭想換個位子，要離婚可得費盡腦子。」這道出了很多選擇同居者的心聲。在他們看來，同居可以享受家庭生活的溫暖和安逸，享有美好的未來，卻不用承擔家庭所具有的責任和拖累。

但現實往往不能一直按理想的方向發展，同居往往只是暫時的迴避，而無法解決長久的問題。雖然沒有那一紙婚姻的契約，然而同居的男女，還是渴望著天長地久、海枯石爛。直至有一天，她們發現：同居沒有保障，也不瀟灑，同居帶給自己的不是自由和幸福，而是一次又一次的傷心。

朱建容和譚雨靜是大學同學，從大一開始，他們就建立了戀愛關係。到了大三，像很多情侶一樣，他們開始同居了，畢業後也在同一個城市工作。三年過去了，他們一直沒有結婚，但一直住在一起，周圍的人也都把他們當成了夫妻。

後來，譚雨靜發現男友常常找藉口不回家吃飯，有時候晚上十二點才回家。原來朱建容開始約會其他女孩，譚雨靜便質問他，朱建容卻毫不在意地說：「那有什麼關係，我們又沒結婚，你沒有權利管我。」譚雨靜為此非常傷心，她一直把朱建容當成自己的丈夫。後來，朱建容終於與另一個女孩結伴而去。

「早知如此，我不會這麼早就跟他同居。同居後分手，對我的傷害比離婚還要大，因為在他眼中，我從來就不是他身邊那個最重要的女人。這種感覺，讓我感到莫大的痛苦。」譚雨靜流著淚向朋友訴說，「本來以為同居的人會比結婚的人瀟灑得多，想不到我們一樣有著千絲萬縷的關係，一樣牽扯著各自的家人和朋友。分手後，真不知如何向他們交代。」

婚姻的誓約成為一種保障力，將兩個人的心堅固地連在一起。

許多實證研究，摧毀了住在一起是為婚姻做一個好的準備，因此就能減低離婚危險性的說法，事實上一個對三千多例個案的研究發現，婚前同居者婚姻失敗率，高過婚前未曾同居者 40%。

每一個不想對女人負責任的男人，都會用「我又沒和你結婚」，來對待同居的女友，而這種傷害對女人來說是一生一世的。當女人最後發現，那個男人根本不是因為愛才和自己住在一起，他只不過因為一時寂寞或無聊，抱著合則聚、不合則散的態度對待這段感情，讓自己無法再去面對他，那份傷痛比離婚帶來的更為深切。

長久同居而拒絕婚姻，其實是藉著愛的名義犯錯誤。長期自由的同居，具有婚姻的全部缺點，而無相應的法律保障。事實上，幾乎任何長久的同居，都會以幻滅告終，它既破壞了真正情人的愛情，對愛本身來說也是毀滅性的。兩情相悅時，也許會覺得不需要用婚姻來束縛對方。然而，我們的生命和情感不會一帆風順，我們的愛情也會遇到風浪，這時候，許多男女才發現，婚姻其實是船上的一道帆，可以幫助愛情的小船，在風浪中穩定航向。而同居的雙方，因為沒有這道帆可借力，往往顯得脆弱而易碎。

同時，已婚的伴侶在情緒上、身體上、財務上與職業上，比未婚同居的伴侶好。舉個例子說，每年，同居伴侶得憂鬱症的人數，是已婚伴侶的三倍以上；而有同居關係的婦女，遭受身體和性虐待的比率，較已婚婦女顯著地高出很多。

值得一提的是，婚姻能給予孩子最穩定的環境。許多同居者不打算生小孩，卻不可避免地有了孩子。四分之一以上的未婚母親的孩子，是在她同居的時候生的，而我們誰都很清楚，一個未婚媽媽以後的道路將有多難走。

聰明的女孩採取的辦法是：寧捨同居，選擇婚姻。同居與結婚二者看似沒有大的區別，但實質卻完全不一樣。後者不僅有法律保

障，同時，在男女雙方一旦發生衝突時，也有一個更加穩妥的緩衝地帶。

戀愛指南

熱戀中的女孩不要做的事

（1）不要太早和男方家人見面，覺得你們有可能結婚再見面。見過之後，也不要成天待在男方家，不然男方家人會覺得你太在乎他們家兒子，女孩子該矜持的時候就要矜持。

（2）不要過早讓雙方家人見面。不要以為雙方的父母見了面，走的近一點對自己是好事。殊不知，彼此熟悉之後，由於生活習慣的不同，就會產生誤解，發展到誰也看不慣誰，你就難辦了。最好在結婚前夕，才讓雙方父母見面，結婚後最好也少見面！

（3）婚前絕不在男方家過夜。過早地在男方家過夜，會讓男方家人看輕你！有的女孩喜歡趁過年去男方家過年，這大可不必。婚後有的是時間，現在還是多陪陪自己的爸媽吧！

（4）不要在男方家過多談娘家的事。說者無意聽者有心，不要和準婆婆談及自己娘家的事，覺得無聊就談談電視劇、談談時事。自己家的事，婆家知道得越少越好！尤其是有姐妹兄弟，父母給誰買房、買了車等！日後當你們買房、買車的時候，婆婆就會關注，你是否得到了娘家的資助！

愛情短信

　　和你在一起不用奢侈的享受，只要一點點簡單的浪漫就好；不用你隨時陪我，只要有心在我身上就好;反正只要能與你在一起，無論做什麼事都很快樂。

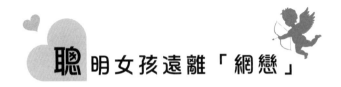

聰明女孩遠離「網戀」

在現實生活中，女人渴望有一個人來愛自己，有一片無風無雨的天空，有一個忠實可靠的寬大肩膀，這個男人不再是童話中的王子，是一個有血有肉的、活生生的大男人，前提是疼你、愛你、懂得浪漫，給你平靜的生活掀起朵朵浪花。

為了滿足幻想，在網上尋覓愛情的純情女生不在少數，為了加大遇到愛情的概率，她們會花大量的時間泡在網上，藉助滑鼠和鍵盤碰運氣。因為網上的「他」，往往比現實中遇到的「他」，更能說善辯，當面說不出來的話，在網上都可以說。另外，在網上可以任由自己把網路另一端的「他」，想像成英雄人物、白馬王子等，只要不見面，幻想就不會破滅。

但在這個現實的世界裏，網戀幾乎就等於「妄戀」，因為這是一場有始無終的戀愛，這是一次沒有結果的旅行……

嫦娥奔月的故事，很多人都非常熟悉，而網戀發生的一個個故事，就像嫦娥奔月的故事一樣，主角都在為一個夢想而癡狂，寧可捨棄手中的幸福，卻將快樂寄託於虛無，到最後，才知是大夢一場。

女人雖對愛情充滿美好幻想，但女人最怕幻想破滅，有時，因為擔心會破滅，她們寧可永遠停留在虛幻的世界裏，一旦幻想破滅，對她們來說，會是一種難以承受的打擊。

有一個曾在現實中受到愛情破滅打擊的女人，常在虛幻的網路中尋找安慰，碰巧在網上「認識」了一個比她大六歲的優秀男子，兩個人在網上開始了一段不同凡俗的交往，他們每天都要互通一封甚至兩封郵件，後來發展到偶爾通一次午夜電話。

　　她嗅到了愛情的氣息,她預感到接下來將要發生什麼。

　　自然而然,雙方都提出要與對方見面,卻因為一次又一次突如其來的意外,導致每次見面都宣告失敗。她和他都渴望能夠見到對方,讓虛擬的美好變成現實。他們又一次約好相見,等到見面之約時機成熟的那一天,她卻在約會到來的前一刻,思慮再三終於還是主動放棄了,她不願粉碎這個自編自演的現代版「成人童話」,她選擇了從網上消失的方式,來結束這個網路愛情故事。

　　因為,她想在記憶裏永遠珍藏一個「美好」,她擔心這個「美好」,會因為見面而破滅,那對她來說將是殘忍的,她已經投入了很多感情在裏面,她寧可把它留在記憶裏,也不願受到傷害。於是,她又回到了現實中。在她的心底,卻永遠隱藏著一個不為人知的故事。

　　網戀的浪漫只不過如一朵飄過的雲,一縷升起的煙,現實才是承載生活的土地。當我們義無反顧地走出那個充滿誘惑的空間時,你才會豁然開朗,我們原來是成年人!

　　網路是一個冷酷的殺手,很多人曾經經歷過震撼,感受過刻骨銘心。那是一種悲涼的消耗,可是到夢醒時分,才發現你依然飛不過網路的滄海。所以,請走出網戀,走出妄戀,相信明天會更好!

　　網路中的愛情聚散無常。這種虛擬的感情,最終會隨著歲月的流逝,而逐漸淡去,不能長久,也不會長久。真正的感情需要相濡以沫,需要相伴終身。

　　但我們並不是絕對否定網戀,如果僅僅把網路作為一種交流的載體,再走入現實中,相互瞭解,增進感情,也未嘗不可,事實上,我們周邊也的確存在由網戀慢慢步入婚姻殿堂的例子。

戀愛指南

走出網上失戀的陰影

愛情終究還是愛情，需要的是心與心的理解和碰撞，是彼此的相知和相守，即便是網路愛情也是如此。

通常人們失戀後最易引發的後遺症，就是無法開始新的戀愛。這類人通常對新的對象和新的戀愛都會產生恐懼。正所謂「一朝被蛇咬，十年怕草繩」，由於這種心理，使他們認為從今以後再與戀愛無緣了。這是一種自暴自棄的心理，無論別人怎樣開導，他們都始終認為自己不再具備戀愛和幸福的資格。

其實，雖然在失戀降臨時，感覺好像世界末日到來了，但隨著時間的推移，說不定未來的某一天清晨醒來，你會笑著回想當初。為了這一天能夠早日到來，失戀的朋友們必須要克服兩種恐懼心理，分別是「害怕遭到拋棄的心理」和「害怕過分親密的心理」。特別是那些失戀經歷比較慘痛的人，當他們再與其他人交往時，往往無法擺脫這兩種恐懼心理。其實，帶著這樣的恐懼開始戀愛，他們的新戀情也很難開花結果。

所以，如果你現在正處於失戀的痛苦中，那麼請你一定要牢記一點：愛情有很多種，新的戀情會隨時隨地向你走來。

　　不管是晴天、陰天、雨天，有你的日子就是晴朗的天。無論是昨天、今天、明天，只要你開心就是美好的天。弱水三千，我只取一瓢飲。紅顏無數，只有你是知己。

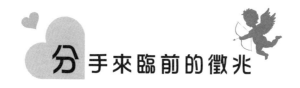

分手來臨前的徵兆

愛情既然可以產生，當然也可以消失或者轉移，從表面上看，愛情轉移是把自己的「愛」，從一個異性身上，轉移到另一個異性身上。但是這種轉移包括道德的愛情轉移，即孜孜追求的是思想感情一致基礎上的真誠相愛。當生活表明確實難以維持這種感情時，理所當然地要進行愛情的轉移。但也包括不道德的愛情轉移，這種轉移總是會有很多冠冕堂皇的理由，但在實質上，它「轉移」的並不是愛情，而是愛情名義下的個人私利；他（她）所愛的也不是對方活生生的人，而只是這個人所具有的某種內在的東西。

從根本上講，所有的戀愛都需要經過一個自我展示的階段。雙方通過彼此的自我展示，自然而然地互相瞭解，並掌握對方的生活習慣、生活方式等。因此，如果其中一方突然在某一時間不再知曉對方的近況了，那麼就有必要懷疑對方是否變心了。過去，閉著眼睛都可以準確捕捉到對方的動向，現在一下子變得連對方在做什麼都不知道，那說明雙方有一段時間沒有向對方展示自己了。再回想一下最近雙方見面時都聊了些什麼內容，如果只是一些禮節性的、無關痛癢的日常話題，並且還覺得對方似乎對自己有所隱瞞的話，那幾乎就可以斷定對方是變心了。

另外，再想想最近雙方都在什麼時間見過面，也可以較容易地確認這個問題。如果雙方無論何時都能輕易地見面，那說明這是雙方都對彼此傾其全部誠意，共同配合的結果。因為現代社會中的人，只有最大限度地放下自己的事情，克服種種困難，才能每次都配合上對方的時間，做到輕而易舉地約會。因此在戀愛初期，不管多麼愛睡懶覺的人，只要對方提出見面，哪怕是淩晨，也會放棄睡

覺而準時赴約。但是如果雙方約會總是遲遲難以成行，那就意味著其中一方處於不配合狀態，不願為了約會而放棄自己的事情。當不願配合的時間越來越多時，也就說明這一方的熱情已經冷卻了。

玫瑰花逐漸消失，燭光晚餐依稀舊事，你在他眼裏宛若一團空氣，身邊的戀人已今非昔比，雖然說，一切事情的發生都有預兆。但當那個不再愛你的男人要離開時，你會及時察覺嗎？覺醒吧，如果愛情值得你去挽救，就首先從發現問題開始。

第一步：危險臨近

從什麼時候開始，他不再對你的新衣噴噴稱讚？精緻的妝容，在他眼中和黃臉婆並沒有太大的區別，髮型換了，香水換了，口紅的顏色變了，統統都被一個叫茫然的眼神忽略。

不僅僅是對你的外表視若無睹，在 0℃ 冰點下，他曾經紮紮實實的熱情擁抱，如今變成了應付差事的虛晃一槍；含情脈脈盯著你不放的眼神，如今已蕩然無存。曾經手持玫瑰花在你樓下守候整夜不厭倦的人，如今會為你遲到十分鐘而大發雷霆。

如果這些現象出現，你就要提高警惕了。當然這也可能是神仙眷侶落入凡塵後，每一對戀人變成柴米夫妻的必經之路。但這是關係穩固到不需再有激情來點綴，還是他的心已離你而去，相信這其中的差別，你應該能分得出來。

第二步：寒氣乍現

身邊的那個男人，開始頻繁使用如下詞語：

「我很忙」，他總是加班，應酬客戶，出差，電話占線。

「最近真的很煩」，於是要一個人清靜幾天，手機關機，不在辦公室，不在家，不上網。

「不想去」，週末他都是到你家裏來的，最近卻總是莫名其妙地失約。

小心了，氣溫降到零下 10℃，愛情小船被凍結在岸邊，開始擱淺，他已經失去了和你相處的興趣。

通常一個男人在持續加班四十五天之後，就會和你提出分手。

突然頻繁地加班，莫名其妙地煩憂，都可能是他想擺脫你的藉口，之所以不明說，可能是因為他還不能理直氣壯面對你的指責；想得再卑劣一些，也許是他還沒有找到更好的替代品。

拆穿謊言很簡單，如果是加班，可以以關心他為名，打電話去他辦公室問候一下；如果真的很煩，那你作為他最親近的人，總是可以分擔一些的吧；等到他懶得再給你找理由的時候，就該給自己一劑醒藥。收拾好背包，上路去尋找另一段風景吧，不要再為一具不屬於你的軀殼浪費時間了。

第三步：冰凍三尺

他開始制訂很多新計畫——事業上的計畫、生活上的計畫、儲蓄計畫、減肥目標，各種各樣，唯一的共同之處是這些計畫裏，都沒有你的存在。

一切證明，他沒有做好為兩個人將來負責的準備。碰到這樣的事情，當機立斷，閃得越快越好，閃得越早越妙。

分手來臨前其他信號

男人在許多方面都很在行，但說「分手」卻會讓男人為難。所以，狡猾的男人嘴上不說，但是行動已經表明，逼著女人來說出這個字眼。通常，在三個月之前，他在精神上就已經與你分手了，但他仍舊與你有接觸。可憐的女孩，為什麼要為

已經變心的男人，白白地付出這三個月的時間？所以，來仔細研究以下症狀，看看他是否已經決定甩了你！

（1）經常無端地爭吵。

（2）動手——在身體上傷害對方。

（3）開始被別人吸引。

（4）不再有性生活。

（5）欺騙。

（6）沒興趣談論未來。

（7）很在乎花在對方身上的錢。

　　日長夜短愁幾許，高處無口幾人來，一人遊弋芳草地，十土腳下披衣裳，天鵝展翅鳥不回，白刀純酒無意義，空兒一鈎三點雨。（謎底：月亮代表我的心）

自立的女孩在戀愛中遊刃有餘

　　無論在生理上、心理上，男強女弱是不爭的事實。因為男強女弱，女人天生有一種依賴心理。無論是在愛人、同事、同學中，女人總有一種被照顧被優待的渴望，讀書時希望有男生獻殷勤，做事時希望有男同事助一臂之力。

　　很多女孩一旦戀愛，便以為再也離不開那個山一般堅強的脊樑，視男人為生命中的燈塔、靠山。事無鉅細，皆要請示，大到是否再外出尋找人生價值，小到面對一隻蟑螂，她都猶豫不決或是花容失色。

　　然而，聰明的女孩從來不把男人當做自己的靠山，在她們眼裏，男人只是她的一根拐杖。因為她知道自己不是強大的，自身的力量十分有限，有時會站在人潮洶湧的十字街頭，茫然無措，找不到前進的路，這時她就會想到手中的拐杖。

　　擁有拐杖的意義，就在於使自己的路走得更好、更穩，男人也不過是「人」字中的一個部分，另一部分還需要女孩自己去完成。所以，拐杖之於人，男人之於女人，只是為了更好走路。聰明的女孩自然明白這個道理，但是，有一些做了傻事還自認為「賢慧」的女人，就沒那麼容易覺悟了。她們的錯誤在於，她們不明白「看重別人，並不等於漠視自己」！

　　李靜當初是一個地地道道的工作狂，她的全力以赴、聰明和悟性，也讓她時刻領略成就感。但是，那次畢業五週年同學聚會，讓她感覺到了久違的親情、友情和坦誠，在回顧商場上的齷齪和虛偽後，李靜對職業的癡迷全線崩潰，毅然決然地放棄了如日中天的事業，想在家做一個「賢慧」的女人。

　　有人說：女人在結婚前往往把女性的青春，看得與生命同等重要。但是結婚之後，特別是有了孩子之後，就意味著再無須用心打扮自己了，有時甚至還不梳頭不洗臉，這句話用在李靜身上再合適不過了。自從李靜決定做家庭主婦的那天起，她就失去了自我，失去了少女的羞怯，不再矜持而有點庸俗，失掉了婚前的靈性，顯得有點遲鈍。

　　有了孩子，她不再買衣服而拼命在孩子身上投資，自己彷彿就在等著衰老與退休。曾經四季的裙裝，現在一色的褲裝；曾經最愛的經典時裝，現在全部的休閒裝；最愛的高跟鞋也變成了平底；曾經最討厭油煙味從不下廚房，現在一睜眼就考慮一日三餐買什麼菜做什麼飯；曾經給老公的寬鬆和自由被奉為經典，如今偶爾也開車跟蹤；曾經時不時打電話被朋友邀請或邀朋友碰面，現在似乎已被朋友遺忘或忽視……

　　現在，李靜是遠離了職場上的無硝煙戰爭，但缺少了成就感，有一點失落，有一點不安，甚至也有些危機感。

　　今天，隨著經濟的發展和人們就業觀念的轉變，有不少職業女性都想著在家做「全職太太」，包括戀愛中的女孩。她們一旦和男人確定了戀愛關係，便認為自己找到了一輩子的依靠，於是「理所當然」地辭掉了工作，在家幫男友收拾房子、做飯、洗衣服等，儼然一個「全職太太」。

　　固然，「全職太太」的生活是很多女人嚮往的，也是很多女人願意接受的。因為不用起早貪黑在外面奔波、不用看別人的臉色、不用說一些言不由衷的話，就可以過「錢來伸手」的生活。但是接受了這種生活，就容易失去自我。

　　因此，聰明女孩提醒你：如果不是萬不得已，不要輕易放棄自己的事業，因為事業是你自立的基石，是你自信的資本，是你與社會聯繫的一條最主要的紐帶，但這並不是說聰明女孩就不是賢妻良

母。如果問她：作為一個女人，你最想成為什麼？她會毫不猶豫地回答：「賢妻良母」。但是她知道，做賢妻、做良母，並不意味著漠視自己，失去自我。

有很多女孩都忍不住地會掉進這樣的陷阱：希望遇到一個非常非常疼愛自己的男人，以便自己輕鬆度日，有所依靠。

但如果過於依賴男人，會造成許多不可收拾的場面，而且會讓你變得不成熟。索尼亞・福里德蒙曾說：「女人能給予男人最美好的東西，就是成熟的自己。既被男人擁有，又能擁有男人。」看來，想做個成熟的女人，或想在愛情上旗開得勝的話，就別讓依賴成為愛情的絆腳石。

戀愛指南

如何克服依賴心理

女性克服過分依賴心理，主要以自我調適為主。

（1）要充分認識到依賴心理的危害性。要糾正平時養成的依賴習慣，提高自己的動手能力，多向獨立性強的人學習，不要什麼事情都指望別人，遇到問題要做出屬於自己的選擇和判斷，加強自主性和創造性。學會獨立地思考問題，獨立的人格，要求有獨立的思維能力。

（2）將自己產生依賴心理的原因找出來。如果是家庭原因，而不是你自己的懶惰所造成的，那麼從現在起，就向你的老公或父母正式宣佈，你要改變你的依賴行為，希望他們能夠理解並支持你，他們一定會欣喜你的改變。他們不會再事事替你操心了，有些事情你就必須自己去面對了。如果是你的懶惰所造成的，那麼你可要認識到，懶惰將使你一事無成。現在的

你有父母老公可依賴，那麼以後呢？所以你必須不怕吃苦，改掉懶惰不愛動手的惡習。

（3）增強自信，積累知識。只有自信增強了、知識積累了，才能對自己的未來有更多的把握，對生活的勇氣也會倍增。

（4）嘗試獨立自主地解決自己所面臨的困難。不要一遇到困難就請求別人幫忙，要自己去解決。失敗了，作為教訓，以後就知道該如何做。獨立自主往往是在失敗了第一次之後學來的。將經驗積攢下來，你就有了對付生活難題的信心，而不用去依賴別人，也不會產生無助感。

愛情短信

當你看到這則簡訊，已欠我一個擁抱，刪除這則簡訊，欠我一個吻，要是儲存，欠我一次約會，你要是回信，欠我全部，要是不回信，你就是我的……請選擇！

Chapter 10

失戀不失情：
讓死去的愛情入土
為安吧

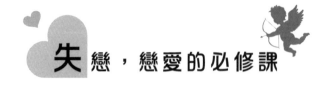

失戀，戀愛的必修課

不知道從什麼時候開始，你們之間的心電感應逐漸消失，彼此之間的化學反應也蕩然無存。儘管你不願意接受兩人的愛情已經不再的事實，但形勢看起來就是不太妙……最後不管是兩人共同協議，或是你離開他、他離開你，總之，你們就是分手了，你再度恢復單身……同樣的事情，似乎不久前才上演過一次，或許你忍不住要歎息，命運之神怎麼老是捉弄你？

所謂失戀，是指「沒有達成有情人終成眷屬的戀愛結局」。有人表示：「不只是被遺棄、被拒絕、被欺瞞的一方，才是失戀的那個人。當一場戀愛不能帶給雙方各自想要的感情時，這就是失戀，對戀愛裏的兩個人，都是一樣的代價。」

人生中的感情往往無法始終維持在最高峰的狀態，因此當兩個人之間無法再繼續下去時，勉強在一起是不會快樂的，分手或許對兩個人都好。所以失戀可以說是一種「常態」，儘管不是絕對，但你在談戀愛時，最好做好失戀是戀愛的必修課的心理準備。

有一則這樣的小故事：一個失戀的人在公園裏哭泣，遇到了一個哲學家，聽了她的遭遇之後，哲學家哈哈大笑，說：「你真笨！」失戀的人聽了很生氣地說：「我都已經這麼難過了，你還罵我。」哲學家回答：「傻瓜，該痛苦的人是他，因為你不過失去了一個不愛你的人，而他卻失去了一個愛他的人。」

有一個藜蒿的故事，你聽過嗎？

在中國最大的淡水湖──鄱陽湖中，有一種野生植物，名叫藜蒿。它漂滿了水面，農民用釘耙和鐮刀在水面上收割，一垛一垛地裝，然後拉回家剁成豬食。它被視若草芥，胡亂被裝在汽車上，掉

了一路也沒人管。

在南昌，有一道不能不提的特色菜，名叫藜蒿炒臘肉。香！所有蔬菜與臘肉的組合中，唯有藜蒿達到了最高境界。一直以來，這道菜是小至大排檔、大至星級酒店必備的一道壓軸菜。這些藜蒿產自鄱陽湖，所以江湖上流傳著一句話，叫做——鄱陽湖的草，南昌人的寶。

一個人眼裏的草，在另一個人眼裏，可能就是寶。當他/她後悔的時候，已經不能回頭了。

悔恨的人是錯看藜蒿的人。每根藜蒿都有機會，男男女女，不論眼前人或曾經有人如何有眼無珠，但總會遇上一個真正善待自己、拿自己當寶貝的人。離開傷心地，到別處尋找真正重視你的人，這個世界總有人和你對上口味。

沒有經歷慘痛的失戀，就不會知道愛情的甜美。因為幸福的狀態是對照出來的，你不明白錐心的痛苦，就不會知道愛情的歡快愉悅，如果你從未曾與一個人分離，又怎麼會明白朝朝暮暮相守的可貴？

人生百味，酸甜苦辣都要嘗遍。失戀只是其中一味，再苦有黃蓮苦嗎？你一輩子吃幾次黃蓮？人到了一定年齡，風花雪月就自動免疫，趁著還有感覺，為什麼不體驗一下悲悲戚戚？

失戀的次數多了，就會對戀愛免疫。變傷心為上進心，昂頭挺胸，自視甚高。永遠想著「我這麼出色的人，不要我是你最大的損失」，很有利於提升自信。

還有一部分失戀的人會檢討不足，總結經驗教訓，為下一次展開行動做好質的轉變。失戀雖叫人寂寞，但等你以此為契機去造福人類了，也算是現代都市中的功德一件了。

不是所有的女性在戀愛的時候，都能遇到自己心儀的人。如果是和不瞭解自己、不懂得珍惜自己的人分手，難道不是件幸事嗎？

　　曾經走過的戀愛，會一直留在你的生命當中，不管它有多麼荒謬、多麼悲慘、多麼坎坷或是多麼無趣。而事實上，越是錯得離譜、錯得莫名其妙的感情，對於下一個回合的戀愛，越會是豐饒富裕的養份。也就是說，從每一段的愛情裏面，你都一定能獲得、學習到些什麼。這對你未來重新經營一段新的戀情，會有更多的幫助，也會離一段美好的感情更近。

　　不可否認，失戀打擊了自我的價值和信心，這種失落和否定感，肯定讓人不愉快，所以要看你如何去處理這種情緒。人生中最大的挑戰不在於追求成功，而在於如何面對挫折與失敗。失戀就是人生中所會遭遇的挫折之一，面對這樣的挫折是很正常的事，無須自怨自艾，重要的是要培養應對失戀的能力。

女人一生可能遭遇的十種戀愛情形

　　單相思──一廂情願的愛情很痛苦，而且苦得沒有意義。如果對方和你不在一個波長上，你的所有傾訴和哀怨，在對方眼裏都是滑稽可笑的。但如果你肯把這份感情埋在心底慢慢獨自體味，它卻可以釀成醇酒。

　　一見鍾情──這是最美好的戀愛方式，也是最動搖你對愛情信念的方式，因為當魔力消散的時候，你會發現：王子變成了青蛙。你當初愛上了一隻青蛙嗎？你覺得自己好蠢啊。

　　倒追──愛情完全可以靠自己去主動爭取，征服的快樂無與倫比（所以男人都樂此不疲）。只不過倒追是非常講究技巧的，初出茅廬時只會狂轟濫炸，稍稍成熟以後就更講究策略，只有在對方眼裏也發現了一絲火花的時候，才繼續進行下一

步。

花花公子——有些男人是絕對不能要的，不管他長得多英俊，舉止多瀟灑。風度多迷人，帶回家就是個禍害，惹得你傷心流淚，一敗塗地。

有錢男人——男人的錢跟你的關係其實不大：他愛你的時候，他說他的錢任你花（其實他心裏是有底線的，你花多了他可就不願了）；等他對你的興趣不大了，他的錢跟你就更沒關係了。

已婚男人——男人的責任感也很強，只不過這種責任感讓你非常惱火，因為這不是對著你的。

以色取利——這種關係是惹火上身。等你最初的目的達到了，而對方還熱情不減，你怎麼收場？

背叛——有的男人，不管看上去多老實正派，骨子裏卻是叛徒，說過的話可以不算，愛過的人可以躲著不見。明白了這一點，下次準備把自己奉獻出去的時候就掂量掂量，你能承受他背叛的後果嗎？

移情——許下諾言的時候，頭腦一定要清醒，你能保證自己的感情不變質嗎？如果不能，就不要輕易把愛情和命運放在一個籃子裏，至少這樣做是對自己負責。

性奴——對女人來說，性有多重要？如果一個女人因為性而愛上一個男人，到頭來只會鄙視他，這點和男人是非常不同的。如果僅僅是為了性，你不應放棄太多。

 愛情短信

　　人生總會有雨天和晴天，但總會雨過天晴的。我就像是一把傘，無論雨天還是晴天，都會在你身邊。如果有一天，當你想起有誰愛過你，那其中一定有我一個。如果有一天不再有人愛你了，那一定是我離開了這個世界。

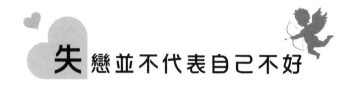

失戀並不代表自己不好

　　誰都不能保證自己的愛情永遠一帆風順。在戀愛中受過挫折，是一件再正常不過的事，與在事業上、在生活中，遇到挫折並無不同，可偏偏有人能承受事業和生活中的挫折，卻無法承受愛情上遇到的挫折。

　　林亞靜是一個聰明活潑、秀慧動人的女孩，在一所公立中學讀高三。為迎接即將到來的聯考，父母為她請了一個剛從大學畢業的英語教師補習功課。每週兩個晚上，在姑娘的「閨房」裏進行「惡補」。休息時，兩人也會談到人生、文學、影視等話題，氣氛相當融洽。

　　林亞靜的英語水準有了明顯提高，對年輕教師的愛慕之情也在升溫。但年輕教師只是把林亞靜看成學生，並沒有往「戀人」方面考慮過，何況他已經有了一個正在熱戀中的女朋友。後來有一天，林亞靜用英文寫了一封求愛信。年輕教師極其婉轉地拒絕了她，而且不再前來補習，由他一位年邁的女同事代替。

　　為此，林亞靜很自卑，甚至悲觀到對戀愛、婚姻失去了信心：「像我這樣的人，恐怕一輩子都不可能有男人會愛上我了。」她陷入痛苦、彷徨中，竟然在一天晚上，用刀割破了右臂的靜脈血管。幸虧家人發現及時，被送往醫院搶救，才沒釀成大禍。

　　在愛情中，一些人一旦遭到對方拒絕，或者多次受到冷遇，便對自己懷疑、失望。「一朝被蛇咬，十年怕草繩」，自卑心理便產生了。有的因此對戀愛不再抱有希望，有的則「降格以求」，金色的戀情褪成灰色的湊合，於是更加自卑。

　　其實，失戀並不代表自己不好，或者自己某方面有缺點，分手

的原因是多方面的。

❶ 意見不和

　　失戀最常發生的原因，就是感情時常發生摩擦，兩人意見相差太大而導致分手。當你和他成了一對戀人之後，兩人在一起的時間就多了起來，彼此要溝通的事也就多了起來，因雙方的意見不一致，從而產生不滿，就很容易導致分手了。

❷ 要求太多

　　彼此要求太多，只要有一點小過失，就予以強烈的指責，會使彼此受到很大的壓力。戀愛中的人，往往會覺得自己是在關心對方，所以不知不覺地對對方的要求多了起來，一開始的時候，可能都會自覺要求去適應對方，但時間一久，耐性漸漸失去了，也就走上了分手之途。

❸ 不好的習性

　　每一個人都有自己的個性，在談戀愛的時候，剛開始可能會刻意地隱藏一些不好的習性，但是相處久了，仍會原封不動地表達出來。因為隱藏並不等於改善。

❹ 太自我

　　有很多人自以為談戀愛自己應該掌握一切，從不替對方著想，使對方感到負擔太重。當對方覺得不可以容忍時，自然而然就分開了。

❺ 隨便，不端莊

　　態度隨便而不端莊，也是失戀的原因。男性的佔有慾較強，有相當高比例的男人認為，只要你成為他的女朋友，你就應該是完全屬於他的。因此，一旦你和別的男人有說有笑，甚至有肢體上的碰

觸，他就會覺得受不了，如果出現的頻率高的話，他可能就會認定你是個輕浮的女孩，為日後埋下不斷衝突的種子。

當然還有很多導致分手的因素，比如男友喜歡上了別人，家裏人反對等，這些都有可能導致分手。然而這裏要強調的是，戀愛挫折，有的原因在自己，的確有處理不當的地方；有的可能錯在對方，自己是無辜的。如果挫折的原因在自己，就應想方設法彌補——失敗是成功之母，不用自卑；如果挫折的原因在對方，更無須自卑了。

然而總有人根本不做這樣的歸納分析，一股腦兒全部自己「吃」進，「千錯萬錯是我錯」，「千差萬差是我差」，那樣的話，自卑心理當然會陡增。

因為一段感情的消逝，便去尋死覓活，更是一種很可笑的行為。這些人打著為愛而生，為愛而死的幌子，其實是自己放棄了自己，與愛無關。這樣的女孩，讓人惋惜，也讓人憤怒。為了一段不值得的感情這樣傷害自己，不但得不到什麼實質性的解脫，反而給自己帶來了更多的傷害和痛苦。用一種傷害去慰藉另一種傷害，這本身就是錯誤的！

聰明的女孩，一定要學會自愛，學會自重，更要學會面對和承受苦難，這才是一個能夠體面從容的女人，才是一個值得別人尊重的女人。

失戀自我調整法

不管他採取什麼樣的方式和你說再見，你都應該泰然處之，這就要求你在享受戀愛的過程當中，就應該有分手的心理

準備，因為只有當它真的發生了，你的心才會好受一些，不至於被打得落花流水。

如果分手不是你的錯，何必整天把自己關在屋裏自責呢？是的，離開自己心愛的人你會很難過，但是事已至此，難過不能解決問題，你應該擦乾眼淚繼續走下去。真的，打開房門，試著用新的眼光去看待這個世界，你會發現原來這個世界，除了你們的愛情，還有很多美好的東西在你面前。

治療失戀最好的方法就是讓自己忙起來，不要給自己太多的空閒時間，去想那段失敗的愛情。譬如你是一個音樂愛好者，在和他談戀愛的時候因為他不喜歡音樂，使得你很少有機會能靜下心來聽聽自己喜愛的音樂，那麼為何不在這段相對安靜的日子裏，再回到自己喜歡的音樂上來呢？還有努力工作，也是讓自己忘記失戀的一個好方法。

人是社會性非常高的動物，每個人都有和他人交流的慾望，特別是在我們心裏遇到不順心的事時，我們更想把自己內心的痛苦說出來，這樣我們會覺得心情輕鬆一些。失戀的你也一樣需要和人交流，當你面對失戀的時候，為何不把自己的痛苦和家人或朋友「分攤」呢？如果你覺得難以和家人或朋友開口，可以試圖從網路上找一些人來訴說。

愛情短信

一輩子有多長我不知道，緣分有多少我也不曉得，這段情有多艱辛我無法確定，唯一能確定的是我想盡心維繫、努力呵護，並珍惜我倆的緣分及所有的點滴。

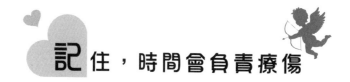

記住，時間會負責療傷

聽過了太多的失戀故事，讀過了太多的愛情悲劇，失戀讓許多人心灰意冷，甚至對生活失去信心。然後，不管曾經愛得如何死去活來，不管失戀時流了多少淚水，愛河中的男女，最終又有多少人是真正不可忘卻的呢？其實，時間會負責療傷，這正是每一個癡情的女子都應該記住的。

那時，她是花一樣的年紀，就那樣癡癡地愛上了他。他們在一起上班，每天都能見面，相思像紫藤一樣在她的心牆上纏繞、生長，他的每一句話，每一個字，每一個眼神，每一個動作，到了夜裏，都變成一滴滴香濃誘人的巧克力，慢慢融在舌尖，讓她細細品嘗，靜靜回味……哪怕只是一張普通的白紙，因為有他隨手寫下的印記，也變得彌足珍貴。午夜夢迴，喊著的也是他的名字。

只有月亮知道，有多少個夜裏，她悄悄站在他的窗下，靜靜望著窗簾裏透出的暖暖燈光，那一刻，她是真的相信，世上會有讓人生死相許的愛情，而她是真的愛了，並且會愛他一輩子！以前她一直以為愛情只是作家們的杜撰而已。

她一直悄悄地、小心翼翼地愛著，卻忘了愛就像咳嗽，越想隱藏，越是欲蓋彌彰。當這一切在不知不覺中變成了半公開的秘密，一向安靜內斂的她，一下子變得勇敢無比，她就像是全身披著盔甲的勇士，以為年輕便不顧一切，以愛的名義勇往直前，約他吃飯，請他看電影，在他生日的時候送他禮物……一切的一切，只為了要一個答案，哪怕是拒絕。

她還沒能尋到答案，當寄出那麼多信後，他吝嗇得沒有給她一個字！於是她知道了，不是所有的灰姑娘都可以穿著水晶鞋找到王

子。

最後的一朵茉莉花謝了，秋天也來了。雨細細的，打濕了頭髮，微微的涼。

那天不知道是哪一家反覆放著一支老歌，「最愛你的人是我，你怎麼捨得我難過，對你的付出那麼多，你卻沒有感動過」。她第一次醉在了朋友家裏。

第二天醒來，天依舊藍，雲依舊白，什麼都沒有變，遺憾卻像宿醉繞心頭，時過境遷久久不能釋懷！

重新撿起矜持，她選擇了離開，帶著那道以為永遠不會好的傷。

多年以後，他們相逢在熙熙攘攘的街頭，看著他迎面向自己走來，那個在舌尖縈繞多年的名字，卻怎麼也叫不出口來，就這樣和他擦肩而過。

光陰不但帶走了容顏，也帶走了曾經那麼年輕的愛。那一瞬間，她才明白，原來時間是一劑最好的良藥，早已治好了她深深的傷。

其實，哪個女人沒有過刻骨銘心、痛哭流涕的失戀記憶？二十歲時的失戀讓我們覺得天都塌下來了，這世上還有什麼男人值得信任嗎？我們苦苦哀求，破口大罵，不會喝酒卻跑到酒吧裏買醉……到了三十歲的時候回想起這一切真是難為情。痛苦是埋在心裏的，不是亮給別人看的，再說為一個男人痛苦成這個樣子憑什麼？他的離去帶走了你的未來嗎？那只能怪你把未來拴在他身上！那時候你就會明白，愛不愛都不要緊，不丟失自己最重要。

走出失戀，有以下幾點重要的原則，不妨參考一下。

❶ 直面現實

既然兩人已經分手，那麼必有原因，可能是他真的不愛你了，

228

或許也有其他的原因，不得不提出分手。此時，你就應該接受這個現實，不要再一味地責難，責難也許會讓你感覺一時痛快，但卻可能粉碎曾經的美好回憶；更不要怪罪自己天生缺乏魅力，你有自己獨特的風景。放棄一段已經死亡的情感，你也許仍會痛苦，但卻有新的愛情空間，有了重新選擇的機會。也許，就在下一站，你會搭上另一趟幸福快車。

❷ 憧憬未來

有一句話說得好，回憶固然美麗，但是未來更充滿魅力。所以，失戀了，就要有忘記過去的決心，忘記過去所有的快樂與悲傷，忘記他或她的一切；更要有放眼未來的智慧，因為過去的都已經過去，我們無從把握，更無法改變，而我們所能做的，只是把握現在和未來。

❸ 寬容豁達

當一隻腳踏在紫羅蘭的花瓣上時，它卻將香味留在了那隻腳上，這就是寬容。雨果曾經說過：「寬容就像清涼的甘露，澆灌了乾涸的心靈；寬容就像溫暖的壁爐，溫暖了冰冷麻木的心；寬容就像不熄的火把，點燃了冰山下將要熄滅的火種；寬容就像一隻魔笛，把沉睡在黑暗中的人叫醒。」這就是寬容的力量，它能使你心性平靜，神采安逸；勇於承擔責任，既無損自身體面，又保全了對方的面子。

人生當中，失戀的大有人在，有些人能夠在適當的時間內恢復過來，有的人恐怕要受長期的煎熬。但無論如何要記住：失戀後，重要的是從陰影中走出來，使自我得到更新與昇華，用奮鬥去積極地轉移失戀的痛苦。

戀愛指南

失戀「四忌」

一忌失志。有人失戀，萬念皆灰，什麼理想、抱負、創業、事業，統統不要了。這是懦夫的表現，人若失去志向，一切皆無。還有的人與此相反，他們失戀不失志，反而奮起努力，非要闖出一點名堂不可，讓拋棄自己的人後悔去吧！

二忌失態。因為失戀，就跟對方糾纏不休，跟對方算經濟帳，讓對方賠償精神損失費，讓對方講出終止戀愛的理由。有的還為了洩憤報復，就造謠、誹謗，甚至是傷害、殺害對方。有人就不同，他們經歷了一場風波，取得了經驗，辦事更加成熟，為下一次的戀愛打下基礎，使下一步的戀愛順利成功。

三忌失智。失戀之後，雖然缺乏修養的人冷靜不下來，但也有一些人確實很冷靜，他們認真分析失戀原因。如果認為對方的戀愛觀、道德品質有問題，失去一個這樣的人不足惜。如果發現自己有些事情處理不妥，應當吸取教訓，前事已往，來者可追。

四忌失情。一兩次失戀並不可怕，大可不必一蹶不振。有人僅僅是因為失戀而完全否認異性，並決定終生不娶、終生不嫁，這種因噎廢食的做法不可取。即使是被人欺騙了，也應當看到，社會是光明的，不遵守社會道德的人雖然有，但這畢竟是少數，而且這種行為會遭到社會輿論的譴責。

風是透明的，雨是滴答的，雲是流動的，歌是自由的，愛是用心的，戀是瘋狂的，天是永恆的，你是難忘的。

走出單戀的陰影

　　我們都知道，戀愛是一個雙向的過程，所以當它以獨戀的單向形式出現時，實際上已宣告戀愛失敗。然而，人是有感情的，有時候明知無望卻難以自拔。

　　在現實生活中，有的女孩對身旁的一位異性夥伴頗有好感，他的一個笑容，一抹眼神都能引起她的愉悅，內心充滿了對他真摯而狂熱的愛。可是因為礙於面子或者其他原因，卻從未表白過。隨著時間的流逝，這種感情變得越來越強烈，而她卻總是把這份感情壓在自己心裏，因而造成很大的苦悶。所以，「單戀」是戀愛的心理誤區，也是愛情遭遇挫折的一種表現。

　　婉梅是一名大二的女生，最近婉梅特別煩惱，因她發現自己悄悄地愛上了班長。班長人長得很帥氣，學習成績也很好，很受大家的歡迎。有一次班上外出旅遊爬山，班長非常勤快，總是不停地幫助弱小的女生。在一個山坡上，他抓著一棵小樹，把她們女生一個一個拉上去。當他的手和婉梅接觸時，婉梅頓時有一種異樣的感覺從心中湧出，並從此對他產生了好感。雖然那次他並不是只幫助了婉梅一個人。

　　從此，婉梅就期待著能看到他，聽到他的聲音，看到他的笑容，有時為此魂不守舍，上課老是失神，經常會想起他握住自己手的感覺。

　　而他卻沒有絲毫察覺，依舊是那麼爽朗。有時看到他和班上的女同學相處得那麼融洽，婉梅就很自卑，她覺得單戀一個人實在太痛苦了，而且又不敢和別人說。

　　單戀是指一方對另一方的，以一廂情願的傾慕與熱愛為特點的

畸形情感。單戀多是一場情感誤會，尤其是青少年「愛情錯覺」的產物。「愛情錯覺」是指因受對方言談舉止的迷惑，或自身的各種主觀體驗的影響，而錯誤地主動涉入愛河，或因自以為某個異性對自己有意，而產生的愛意綿綿的主觀感受，也就是人們常說的單相思。

愛情是雙方感情交融、心靈默契的產物，是建立在雙方相互愛戀的基礎之上的。它儘管熾熱，但只是一廂情願，這樣的結果不僅對愛情的進一步發展徒勞無益，而且會給自己帶來極大的心理壓力，造成不必要的精神負擔，時時受到一種煎熬和折磨。

為了找出處理單相思的正確方法，我們把單相思進行分析歸類，主要可以分成以下兩類：

一類是不確定的單相思。即求愛前苦於沒人給「穿針引線」的單相思。這種單相思沒有得到對方的明確回應，對方如果知道了，有可能拒絕，也有可能不拒絕。對這種情況，有必要通過恰當方式，捅破窗戶紙，把你的心意明確表示給對方。因為雙方如果都在揣摩對方的心理，兩人都在捉迷藏，讓火熱的愛被人為的羞怯阻隔開來，隨著時光的推移，很容易被什麼意外所干擾，造成「有情人難成眷屬」的遺憾。

另一類是確定的、完全的單相思。就是說，一個人的愛完全遭到對方拒絕，或者根本不可能實現。對這種情況，確實應當認真思索，想明白了，痛苦就小了，而且也有利於今後的生活。你的愛，遭到對方拒絕，人家表示不愛你，使你失去了一個不愛你的人，這是壞事嗎？即使對方的條件再好，人家明確表示不愛你，你也就應當果斷地斬斷自己的纏綿情感，另求值得愛的、同時對方也愛你的人。心理專家告訴我們，天涯何處無芳草，不要因為單戀，而錯過那個喜歡你、愛戀你的人。

單相思所愛的是一個不愛自己的人，或者是自己不應該愛的

人。細想想，愛這樣的人是多麼不聰明。既然對方不愛你，認為你在某些方面還不行，你被人家淘汰了，那麼，就讓這件事遠去吧。「天涯何處無芳草，愛情時時有知音。」愛情的大門是向所有的人開放著的，只要我們滿懷信心地去生活、去工作、去找尋，你就一定能夠走出單戀的陰影，找到情投意合的戀人，獲得幸福美滿的愛情。

戀愛指南

處理愛情問題，既要積極主動，努力爭取，又不可強求，應該服從一下緣分的安排，這樣，痛苦會少，幸福必到。

首先要掌握愛的技巧。如果對一個人有意，完全可以通過各種途徑去表達，不必把這種光明正大的情感深埋在「心底」。表達出來後，雙方有意的可繼續發展，對方無意的可避免陷入過深。

單戀了，失戀了，要學會從自我封閉的圈子中跳出來，多和異性接觸交往。事實證明，交往的人越多，對異性和自己越能有清醒的認識，「見多不怪」，逐漸就能坦然面對，也會淡化對某一個人的感情。

當意識到自己沉溺於某一種不可能有結果的情感之中時，要儘量使自己的生活充實一些、忙碌一些，這可以將不成熟的感情逐漸擠掉，單戀的煩惱自然就會逐漸消除了。

親愛的，每天我起床之後的第一件事便是：想你！第二件事便是：看你的照片！第三件事則是：為你祈禱！親愛的，請原諒我的離去，因為我愛你實在愛得昏天暗地。

失戀算什麼，要活得更好

　　失戀後，能夠坦然面對、重新生活的女人不多，大部分的女人都喜歡又打又鬧地，用「愛之深，恨之切」來表現自己的內心世界。

　　很多女孩都會在這個男人轉身離去的無情背影裏絕望到底，從此消沉下去，想讓他知道沒有他，自己就沒法活下去了，想讓他知道自己愛他勝過自己的生命。以此挽回他的心，或者是報復他、懲罰他。

　　甚至有的女孩因為沒辦法承受失戀之苦，想到了一死了之，正當她的生命處於危險的邊緣時，男人出現了，他悔恨不該拋棄女人，不管是為了責任還是出於愛情，男人都決定留在她的身邊，他不想她走上絕路，而自己內疚一輩子。

　　這樣的情節大都在電視劇裏才會出現。現實世界是真實而殘酷的，沒有幾個男人會為了責任、內疚，而屈服于女人的威脅。既然已經不愛了，既然已經絕情了，他怎麼還會理會女人的死活？因此，一個女孩如果為了一個男人，而白白地浪費了自己的青春和生命，這樣豈不是傻瓜？

　　聰明女孩認為，失戀沒什麼，要過就過得更好，不要悲悲戚戚，失去自我，甚至賠進自己的青春和生命。以生命為代價的報復，是最沒有力量也最沒有價值的。聰明女孩認為報復男人最好的辦法，就是過得比他好。

　　女孩和男孩戀愛了，在別人眼裏，他們是郎才女貌，天造地設的一對。沒錯，女孩長得漂亮，性格溫柔善良；男孩帥氣，有才華。兩個人相處得很好，令很多人羨慕不已。

　　然而，好景不長，男孩有一天突然提出分手，原因是喜歡上了別人。這是女孩做夢都沒有想到的結果。但她知道愛已成往事，所以沒有哭鬧，倔強地離開了男孩，在男孩面前沒有流一滴淚。

　　如今女孩和男孩分手已經半年，雖然偶爾還是會想起兩人在一起的甜蜜時光，但女孩更喜歡現在這樣充實的生活。和男孩分手後，她不能說沒有恨意，儘管對他當初的山盟海誓沒抱什麼希望，但移情別戀卻是女孩怎麼也沒想到的結果。

　　恨歸恨，女孩可沒有像其他失戀的女人那樣虐待自己。既然自己已經受了很大的委屈了，就不要再自己給自己氣受了，女孩決定要比從前更加認真地生活，要對得起自己。

　　於是女孩打扮得更加漂亮，還參加了很多學習班──瑜伽、拉丁舞……不但鍛鍊了身體，身材也變得更加苗條動人。女孩也沒有忘記參加社交活動，這不但讓她成為引人注目的焦點，還結交了不少朋友，這其中不乏追求者。

　　情場失意，職場得意，女孩在工作上更加努力，這換來了接連不斷的升職，薪水高了，生活得更加愜意自在了，女孩用上了平時不捨得用的香水，穿上了最喜歡的品牌衣服，而且可以一次買好幾套，最近又萌生了買車的念頭……

　　這樣的生活不知道比跟男孩在一起時好上多少倍，而且由於女孩的魅力只增不減，追求者也接連不斷。不過這一次，女孩可要好好地選擇。

　　前男友本來是想通過朋友，得知女孩的「不如意」「不開心」的狀況，還要假裝表現一下關心，以滿足自己的虛榮心，沒想到女孩卻活得如此得意，這讓男孩心裏有些不是滋味。

　　一個男人看到前女友因失戀而痛苦，的確心裏會不舒服，但不可否認的是，他們心中也會竊喜，覺得自己的形象還是高大的，自己的角色原來那麼重要。但當他們看到失戀了卻煥然一新的舊情人

時，對他們來說是最痛苦的折磨。

因此，當一個男人選擇轉身離去，請你也學著轉身，把悲傷留到背後，讓時間慢慢地淹沒，慢慢地分解，直到你能開始新的生活。

而很多女孩，失戀後覺得天都塌下來了，這世上還有什麼男人值得信任嗎？她們苦苦哀求，破口大罵，不會喝酒卻跑到酒吧裏買醉……失戀確實讓許多人心灰意冷，甚至對生活失去信心。然而不管曾經愛得如何死去活來，不管失戀時流了多少眼淚，愛河中的男女，最終又有多少人是真正不能忘卻的呢？

其實，哪個女孩沒有過刻骨銘心、痛哭流涕的失戀記憶？但聰明女孩認為，痛苦是埋在心裏的，不是亮給別人看的，為一個男人痛苦，甚至尋死覓活，不值得。他的離去帶走你的未來了嗎？那只能怪你為什麼把未來拴在他身上！要明白，失戀沒什麼，要過得更好才是最重要的，而這也是最精彩的報復。

如何活得更好

（1）打扮自己。失戀後，聰明女孩會把自己打扮得比以前更漂亮，穿上艷麗的衣服，戴上亮麗的首飾，依舊昂首闊步地在人群中，顯示自己的與眾不同，依舊毫不吝嗇地散發自己的魅力。當男人看到失去愛情的你依然很有魅力，這對他來說，不能不算是一種打擊。

（2）滿足自己。失戀後，聰明女孩不會壓抑自己，委屈自己，而是滿足自己。去喜歡的餐廳一邊享受音樂一邊享受美食；就算買了幾套昂貴的衣服，也不用看別人的臉色；盡情享受被別人搭訕的感覺，而不用擔心身邊男友忌妒又帶有殺氣的

眼光。

（3）完善自己。失戀後，聰明女孩絕不自暴自棄，而是完善自己，尋找自身的缺點，改掉一些壞毛病，好好提升自己，讓自己變得更完美，這不僅僅對自己的下一段戀情有幫助，甚至能夠完善自己的性格。變得更加完美的你，也許會讓前男友悔不當初。

（4）充實自己。不能讓自己每天沉溺在傷感和懷念當中，趕快清醒過來找點兒事做。無論是做運動，用汗水宣洩一切；還是找朋友痛快地去 KTV 嘶吼；抑或是滿足自己想要嘗試已久的興趣……總之，用實際的行動來充實自己、滿足自己，讓自己在精彩豐富的世界裏得到培養和鍛鍊，而不應當在假想和回憶中浪費自己的人生。

愛情短信

捨棄你，我心中什麼也沒有留下來，就像那艘船，離了岸，只剩空蕩蕩的甲板；海風茫然貼著我的臉，你的風箏越飛越遠，我不願鬆手，可惜已斷了線。

Chapter 11

該放則放：
你的委屈成全不了愛情

當愛已成過去式

關於愛情的酸甜苦辣，我們經常聽到這樣一些聲音：

「有你我就有感情，有感情就有煩惱，有煩惱就有是非，有是非就有痛苦。因情受苦，忘情更難。」

「因為愛過，所以不會成為敵人；因為傷過，所以不會做朋友。如果，前世的五百次回眸，才換來今生的擦肩而過，那想來已經很幸福了——其實，擦肩而過，也是種很深的緣分。」

「佛說：五百次的回眸，才能換來今生的擦肩而過，可以一秒鐘遇到一個人，一分鐘認識一個人，一個小時喜歡上一個人，卻要用一輩子去忘記一個人。」

套用一句話來說：既然選擇了愛情，那麼我們順便也就選擇了面對可能失去愛情的痛苦。當曾經屬於你的愛情已經隨風飄散的時候，不要苦苦挽留、不要不捨、更不要因此而折磨自己、傷害自己。

在相戀八個月後，男友向蘇小愛提出了分手。蘇小愛用盡了各種方法想要使他回心轉意，生病的時候陪他看醫生，疲累的時候獻上暖暖的一鍋湯，耶誕節送上溫暖牌圍巾，還有很多很多……

蘇小愛也知道即使做了這麼多，也未必能夠感動他，但至少讓他感覺到她的心意，知道她還在等待復合的機會。

結果，他當然知道了。不過，更意外的事發生了，他告訴蘇小愛，他現在和別的女孩在一起。

蘇小愛哭著問為什麼，為你做了那麼多，最後留在你身邊的竟是別人。男友對蘇小愛說，因為大家學歷相差太遠，因為她賺的錢比他還多，所以他沒法再接受。男友還說，蘇小愛跟他不會有好日

子過，他會是蘇小愛的負擔。

分手以後，很多人會很快就忘記那段感情，重新開始新的生活。但蘇小愛就是做不到。雖然分手已經三年有餘，蘇小愛仍然不能將前男友忘掉。雖然身邊不乏追求者，而且當中也有條件不錯的，學識好的、事業理想穩定的、對自己呵護有加的……但她偏偏就是春心不動。

蘇小愛一直在等機會，期望仍會和他在一起。可惜，事與願違。最終，蘇小愛等來的是，前男友和另一個女孩結婚了。

兩個人在一起，能雙宿雙棲，那當然是最好不過的了。可事情並不一定總是那麼如意，有些人相戀之後，不一定能兩情相悅，也不一定能共偕連理，長相廝守。如果在分手後仍舊放不開，只會徒增苦惱。

一段感情的結束，並不一定是女人的錯，也不一定是女人通過努力能挽回的。例如男人的自卑心，男人的狂妄，男人的懦弱，這些都是女人無法改變的，即使你努力一生也沒把握戰勝，分手已成定局，即使勉強在一起也不會有結果。

有人曾說，女人都愛不羈的浪子，捉摸不定的戀情最令人刻骨銘心，也最令人嚮往；也有人說，女人都是自虐狂，硬要自己痛苦。這些或許都有道理，只是一段感情結束，心痛是人之常情，即使繼續再等，也不會等到完美的結局。

捨得放手讓愛遠走，很多時候並不是一件很難的事，只不過是周圍的輿論環境、財產的劃分等，可能拴住了你。但是，這卻是唯一的方法。否則，我們就會處在無法排解的痛苦、氣憤和沮喪之中。

所謂捨得放手的藝術，並不只是在愛情消逝的時候存在。事實上，當愛情還在的時候，就懂得放手的智慧，往往是更積極的治本的方法。

如果仍然惦記著「為什麼」，這裏倒可以給你十個理由，讓你細細品味：

❶ 得不到也是「福」

心理學中有一種升值規律，即越是得不到的東西，越是朝思暮想，這或許就是許多人不能放手的原因吧。但你可以回頭想想：當擁有他時，你是否曾感到自我空間被嚴重束縛，被壓得喘不過氣來，不能做自己想做的和應該做的事情？是不是也曾感到很累，覺得被愛改變得太多，甚至喪失了原先的自我呢？終於，有一個機會讓你回到單身，那就好好休息一下吧，重新體驗一下單身的自由生活——因為，以後的婚姻將是一輩子永不休止的牽掛。

❷ 「珍藏版」最可貴

失戀了，你總在懷念和他在一起的快樂時光，就連吵架也成為一道風景。沒有痛，哪會知道快樂的滋味呢？從此以後，他的畫面在你的腦海中定格，始終是那麼完美，沒有缺點——放手吧，留一個對他的美好的記憶。

❸ 「吃一塹，長一智」

分手了，也許是由於你某個方面做得不好，或你所給予的不是他所需要的。許多失戀的人回首想想，都有一種感覺：其實我不懂愛情，不懂得如何去愛我愛的那個對方；現在，我知道了，如果再給我一次機會，我會……

其實，伊人雖去，你仍會為自己的長大而「不虛此行」。這個「唯一」已經有了，你又何必絕望地去看待一切呢？繼續重溫過去已沒有太大意義。況且，「失敗是成功之母」，你可以從失戀中學到許多，你不就擁有了更多的愛情籌碼嗎？

❹ 這不是最重要的

　　失戀，從某種程度上來說，是在拯救你自己。你是否曾有過這樣的想法：擁有了他，擁有了這份愛情，好似擁有了整個世界，我寧願放棄一切……可是，愛情能當飯吃嗎？被愛情沖昏了頭，不亞於沉湎於網路，需要知道：成功的定義不在於愛情，而在於你是否有支撐愛情的堅實基礎。許多人在人生的巔峰急流勇退，何況你是在虛擬的巔峰。要學會對自己說：「哦，那不是最重要的！」只有懂得放棄的人，才會獲得成功。

❺ 做一回高尚的人

　　有一首歌詞曰：「請你一定要比我幸福，才不枉費我狠狠退出……至少我能成全你的追逐……」要知道，愛的最高境界就是希望對方幸福。試想，跟你在一起，他已經不再快樂，那麼給他自由吧，強扭不甜的瓜，又有什麼滋味呢？！

❻ 畢竟曾經擁有過

　　「人心不足蛇吞象」，人總是對自己擁有的東西不滿足：愛得轟轟烈烈的人，感到累了，總想知道平淡婉約的愛情是什麼樣子；愛得太平直的人，覺得太悶，總想去體驗一下戀人間激情似火的感覺……

　　終於，你從其中的一種狀態中退了出來，下回可以去嘗試另一種了，有什麼不好呢？比起那些鬱悶地吼著《單身情歌》、《蒙娜麗莎的眼淚》，而暗戀別人的感覺好吧？畢竟你曾經擁有過！

❼ 「只選好的，不選貴的」

　　也許你經常會回憶你原先的那一半多麼帥，多麼靚，多麼優秀，多麼好，並不斷地把他與新的戀人進行比較。可是，請好好想想：原先的真的適合你嗎？他的優秀是不是曾壓得你喘不過氣來？他的離開只能說明你們沒有緣分，鉚不對扣。貴的鞋穿在腳上不一

定就舒服，人也一樣，優秀的不一定適合你。與你走入婚姻殿堂的，應該是能夠陪伴你一輩子、與你和諧相處的那一個。只有跟他在一起，你們才會相伴到老，一起去回憶那「浪漫的過去」。

❽ 換位思考

　　沐浴在愛河中的兩個人，一個人不停付出的同時，卻是另一個人在背後默默接受的過程。你也許曾把心都掏出來，給他安排一切。有沒有想過：他需要這樣的生活嗎？如果答案是否定的，那樣的結果便是：不僅對方有壓力，你自己也會覺得委屈：怎麼全是為他好，到頭來，他卻以「你對我太好，我受不了」而分手？

　　換個位置，替對方想想：每個人對愛情的追求和理解都不同，你給的一切，並不一定是他想要的，你給錯了，就是「徒勞」，最多只會讓對方感激，而不是愛。也許你會想，如果重新來過，我會做得更好，想他所想，思他所思，可是，這樣的你還是你嗎？放手吧，給對方一條生路，讓他去追逐想要的愛情。

❾ 相信緣分

　　佛家云：一面之緣是五百年修來的福分。想想看，你們在一起已經半年、一年、兩年……那是多少年修來的福分？可是這樣都不可以在一起，說明你們緣分已盡。做了那麼多，都無法成全你們，再掙扎又有什麼用呢？相信緣分吧。

❿ 打開另一扇門

　　在上帝面前也許你無能為力，可是在那些默默喜歡你、癡癡等待你的人面前，你就是上帝，也給他們開扇門吧。當令你傷心的人成為「最熟悉的陌生人」時，你會遇到另一個「陌生的熟悉人」，他才是你真正要找的，是你拿著愛的號碼牌等待的那個適合你的人。

戀愛指南

你會為情所困嗎

第一次約會，總要挑個吉日出門，再戴個幸運符來提升戀愛運，如果還講究風水之說的話，你覺得哪一個地點，最有助於你的愛情發展呢？

A. 百貨公司

B. 動物園

C. 電影院

D. 咖啡館

選項分析

選 A：你知道感情是不能勉強的，如果兩人的緣分已盡，你也能泰然處之，大方和對方說拜拜，並給予祝福。每一次的戀愛，在你看來都是一次修行。

選 B：你非常容易被愛情傷害，因為你是個重感情的人，總是將全部的心思，放在對方身上。當情海生變，你馬上會不知所措，頓失人生方向。你不單是會為情所困，更會將自己鎖在門內，要療傷好久好久，才能慢慢復原。

選 C：愛情是你的獵物之一，戀愛對象能換得又快又乾脆。你不會把碰釘子這種事看得太嚴重，反正天下芳草何其多，何必單戀一枝花，就是你的哲學。

選 D：如果愛情走到了盡頭，你會非常的不捨。即使經過一段時間後，生活漸漸恢復正常，其實在你的內心深處，還是希望能有破鏡重圓的機會。

思念中我千萬次地問鴻雁、問明月、問春風，願鴻雁將我的眷戀捎給你；願明月將我的問候帶給你；願春風將我的關切送給你！

聰明女孩不做「第三者」

　　女孩是感性動物。現實生活中，女孩的生命常常被感情所左右，不夠理智的女孩，更是被飄忽來去的婚外情感載沉載浮，悲劇和噩夢，往往就在她們身上發生。一個女孩，一旦和已婚男人有染，就表示著噩夢的開始。因為做情人都是悲哀的，情人是見不得陽光的，只能一輩子偷偷摸摸。

　　一個女孩講述了自己一段不堪回首的「婚外戀」：

　　我和岩峰的愛不是一見鍾情，卻有如閃電般的速度。

　　二○○四年，我大學畢業，在朋友介紹下，去一家公司做秘書，老闆是個叫岩峰的四十多歲的男人。

　　一天早上，妹妹給我打電話說：「媽媽得腦溢血住院了，命雖保住了，但得要十萬塊錢的醫療費。」聽著電話那頭的歎氣聲，我心如刀割般生疼，淚水傾瀉而下！我的老闆岩峰看到我愁苦的面容，體貼地問：「你怎麼了？」也許是人生地不熟的緣故，在他關懷的目光中，我體會到了一種溫暖，感動地哭起來，並抽泣地告訴他自己悲傷的緣由，他只說了一句話：「錢從我這兒拿，用多少拿多少，不要客氣。」

　　在以後的日子裏，渴望關懷、渴望愛護的企盼，使我慢慢地愛上他，並把一個女孩子最最珍貴的「第一次」獻給了岩峰。從此，我在愛情的道路上已經沒有選擇。儘管我知道岩峰有妻子，有兒子，我還是告訴自己：我永遠是屬於岩峰的。

　　我和岩峰便在那幢小樓裏過起了夫妻生活，每天下班岩峰都會主動做飯。每次我都很感動，但我並沒有因為成了老闆的情人而養尊處優，相反，除了辦公室的業務外，多數時間我都在工廠裏做

　　苦力，這對於一個從未做過體力勞動的我來說，是很難適應的，可是在愛情力量的支配下，一切似乎都應付得順理成章。我知道，我對岩峰的感情越來越深，所以對自己的投入也越來越真，因為我覺得，只要岩峰能夠快樂我就滿足了。

　　很快，岩峰的妻子便知道了我們的關係。一天，他妻子氣勢洶洶到我的住處，指著我的鼻子罵道：「你這個狐狸精，不要臉，偷別人的老公！」她對跟隨她一起來的幾個魁梧的男人說：「給我砸！」他們對屋子裏所有傢俱亂砸一氣後揚長而去。望著屋裏的一片狼藉，我心如刀割，決定和岩峰分手。這時，岩峰對我好言相勸，並承諾要和妻子離婚，然後娶我，我幸福地相信了他。

　　三個月後，岩峰有些欣喜地對我說：「親愛的，告訴你一個好消息，我離婚了，所有手續今天全辦完了。」當夜，在為慶祝他「淨身出戶」的酒會上，我喝醉了，等待已久的「名分」，終於顯現曙光！

　　一天，我對他說：「我們是不是應該以合法的身份在一起了？」他搪塞說：「以後再說吧。」我心裏沒底，又問他，他急了，說：「好不容易掙脫家的枷鎖，哪能輕言再婚呢？」聽完他的話，我心裏黯然神傷。難怪呢？我跟他上街時，他總是離我不長不短的一段距離，我們也不能一起看電影、購物、逛公園，所有合法夫妻擁有的一切我都不能擁有，只是希望有朝一日，能真正擁有那個看得見、摸得著的簡單的東西。但是，讓我確實信賴的岩峰，給予我的這種奢望，都變得越來越渺茫、越來越遙遙無期！

　　這時，我腦海裏再次迴盪著這樣一個問題：是不是這裏的「景色」不再美麗？這裏的「氣候」不再溫暖？我是不是該安靜地走開？

　　可是，真正行動起來，卻異常艱難，多少次我走了又回，回了又走。岩峰極力地挽留我，我最終放棄了出走。就在岩峰的誓詞

還在溫暖著我的心時，一件讓我刻骨銘心的事情，使我對岩峰的感情，徹底進入了「冷戰」階段。

由於從來堅持不採取避孕措施，二〇〇五年三月，我第三次做了流產手術。

我本以為，這一次他完全可以好好地盡一下責任。因為，我已為他做了兩次手術，只有這一次他可以拋開一切顧慮，正大光明地照顧我。可是我錯了，我的所有付出在岩峰眼裏，都只是過眼雲煙。

正當我去意徘徊時，偶然發現岩峰跟一個女孩調情，我懷著一顆滴血的心，離開了岩峰。

我知道，這一場噩夢實在是該過去了，儘管我曾經做出那麼多努力，想挽救這場曾歷經風霜雪雨的「婚姻」。可不得不面對現實：不是你的就不要再勉強！舐一舐傷口，有鑽心的疼痛；觸一觸身體，感到刺骨的寒冷。我真的該去一個溫暖的地方，好好為自己療傷！

現代一些單身女孩，把中年男子作為擇偶對象，對其迷戀不已，因為他們成熟、穩重，工作能力強，並且有一定社會地位。而這樣的男人，往往都已婚。很多女孩，為了得到這樣的男人，為了所謂的幸福，甘心做「第三者」、做情人。要知道，愛上了別人的老公，就等於愛上了寂寞，愛上別人的老公一開始就錯了。不是自己的東西硬搶過來，讓別人流淚，自己會流血的。

也許你會說，我們之間的愛是純真的，我不要什麼名分，只要彼此相愛就足夠了，真是這樣嗎？你有沒有想過你會永遠這樣嗎？當你深夜因生病、或害怕而撥打他電話時，對方告訴你的是：「你撥打的電話已關機！」或電話響了好久，你深愛的人因為害怕家庭內部起矛盾而掛斷時，你是不是還會很自信地說：「我不在乎什麼名分」的話，你是不是也會黯然流淚呢？愛情是自私的，熱戀中的

女孩是敏感的，沒有哪個女孩大度到什麼都不在乎。

聰明女孩不要做第三者，天下好男人多得是，不要相信「好男人都成了別人的老公」的鬼話，難道沒聽說過女人是一所學校，好男人都是經過好女人調教才成為好老公的。看著別人的老公好，是因為彼此不熟悉，有那麼點新鮮感，有那麼點激情。當你幾經周折費盡心機，真的把別人的男人變成了自己的老公，新鮮期已過，你就會發現，爭來的男人不過如此。

聰明女孩對於錯了的愛要冷靜處理，果斷放棄，不要等他的回應，他愛不愛你又能決定什麼呢？他愛你就一定會和你在一起嗎，即使他和前妻離婚了和你在一起，難道就一定會幸福嗎？你不怕這樣的男人再變心嗎？所以，對於錯愛，自己果斷放棄，才是最理智、最聰明的處理方法。

聰明的女孩不要去輕信男人的承諾，如果她說愛你，娶你是最好的證明。不要看他對你說了什麼，而要看他為你做了什麼。不要相信所謂的「最愛的是你！」可是他的錢卻給了老婆和孩子，你得到的不過是一堆不能兌現的謊言。

沒有哪個女孩願意去傷害另外一個女人，搶奪別人的幸福，是世界上最無聊、最無恥的戰爭。自己如此年輕美麗，如此聰明，有必要和別人分享男人嗎？所以永遠不要做第三者，不管今生還是來世。

戀愛指南

遠離已婚男人的陷阱

對於一些涉世未深的女孩來說，應儘早地從那些已婚男人編織的夢境中清醒過來，不要掉進已婚男人「溫柔」的陷阱。

下面就是已婚男人常用的一些伎倆：

（1）空頭支票。一些男人總是輕易許下諾言，說什麼「有事給我打電話，我是有求必應」，或者「咱倆誰跟誰，你的事就是我的事，你就等我好消息吧！」再或者喜歡假設，「要是咱倆結了婚，我不會再讓你受這份罪。」年輕女孩聽到男人如此說，心裏肯定非常感動。所以，一旦遇到緊急事情向男人求助時，往往期望值過高，而陷入「空頭支票」無法兌現的窘境中。

（2）生死合同。看過電影《鐵達尼號》的女孩，多半會在心中有這樣一個問題：我能找到一個像傑克那樣，在生死關頭把生的希望，留給自己女友的男朋友嗎？在生死關頭沒有哪一個女孩，能拒絕這種真情的誘惑。在現實生活中，一些已婚男人會設計一些「危急關頭」，自己「挺身而出」，演一回「英雄救美」；或者常常說出：「如果我真的找到一個自己愛的女孩，我會為她去死」這樣的話來。男人的「生死合同」，是他們拋出的又一個致命武器，常常會令女孩目眩神迷，乖乖地在上面簽上了自己的名字。

（3）殘缺不全。當女孩一邊聽著男人述說「不幸的家史」，一邊看著男人的袖口掉線，衣領髒汙，便更加相信男人正處於水深火熱之中。如果這個男人再有體貼、有情趣一些，極容易令女孩「大發慈悲」，照顧起他來。友情從「照顧」開始，極容易滑入不能自拔的深淵。所以「殘缺」的不一定就是美的，不要濫用自己的同情心，小心有人在兜售自己的「殘缺」，以達到不可告人的目的。

（4）模糊概念。一些已婚男人善於用一些溫暖卻模糊的概念，來形容自己和你的關係。剛開始時，他會稱自己是你哥，把你置於妹妹的地位。這沒什麼特別，哥哥妹妹本是一些

交際場合常用的稱呼。過一段時間，他便會說你是他所認識的異性朋友中最好的一個。他會列舉你的種種優點，讓你有點找不著自己。再過一段時間，他稱你為他的紅粉知己，說你最瞭解他，能容忍他的缺點。在這一系列的關係確定中，他一直在用一個模糊的概念，這種游離於友情和愛情之間的模糊手法，令女孩覺得暖融融甜絲絲的，並常常被不自覺地牽引進一種曖昧的關係裏。

愛情短信

　　想你，那刻骨銘心的思念，早已融入我思念的小溪，長流不息。縱然我如小草一樣默默地凋謝，也要化為沃土，滋潤你如月季般的純潔和美麗。

面 對離婚男人，小心高壓有電

俗話說得好：男人離婚是升值，女人離婚是貶值。離過婚的男人，在今天竟然成了搶手貨。很多女孩對離婚的男人，有很理想化的夢想，她們舉出了離婚男人的諸多優點。例如，離婚的男人有經濟基礎；離婚男人因為曾經歷過感情的創傷，會格外珍惜再一次得來的愛情；離婚男人會更瞭解女人、疼愛女人、照顧女人；離婚男人更懂得平平凡凡的生活才是真，不會為柴米油鹽而感歎生活的平淡無奇；離婚男人成熟穩重，會更懂得包容、諒解、忍讓……

離婚的男人或許是有這些優點，但是離婚男人真的能為你帶來幸福嗎？

儘管幾乎所有的朋友和家人都很反對，但小茉還是義無反顧地愛上了志宏。志宏比小茉大十六歲，曾經離過婚，和前妻有一個女兒。小茉很喜歡志宏的成熟和穩重，因為這讓她感覺到安全，而且志宏也給了她浪漫的愛。在二十二歲時，小茉不顧家裏的反對，和志宏舉行了婚禮。

結婚以後，小茉渡過了一段很甜蜜的日子。但好景不長，志宏的前妻當初紅杏出牆，現在後悔了，想方設法想要再回到他身邊。志宏的前妻知道志宏很愛自己的女兒，於是總搬出女兒來。而志宏呢，只要一聽到女兒有事，就會放下一切。小茉明知道這一切是他前妻的陰謀，卻說不出不讓他見女兒的理由。

這種生活讓小茉始料不及，志宏的前妻和孩子，已經成為她婚姻的潛在威脅。小茉陷入了對未來的焦慮中，經常和志宏爭吵。可是這正好給了志宏的前妻機會，那個心計重重的女人仇恨小茉，背地裏中傷她，可是在表面上卻裝得一團和氣，讓單純善良的小茉有

苦說不出。

　　志宏和小茉的爭吵日益升級，而志宏回家的時間也越來越晚，有時甚至夜不歸宿。在這場和另一個女人爭奪老公的戰爭中，小茉明顯地處於下風，因為對方有孩子這張王牌。

　　離婚的男人，很難還會像小夥子那樣沒有顧慮地投入愛情，他們再婚的動力，往往是基於現實的需要，他們會更多地考慮感情以外的東西（如性格、經濟、背景等），很難有小夥子的那種浪漫、堅貞、瘋狂、癡情等衝動。

　　很多男人是花心的，離過婚的男人更容易花心。離過婚的男人經歷豐富，他們有獲取芳心的經驗，會設置各種各樣的愛情陷阱，讓幼稚的女孩陷入其中，然後他又輕易地抽身而去，不留一點痕跡。

　　因為受過愛情的傷，離過婚的男人會變得懷疑真情，甚至憎惡女人。他們對即將來到的新的婚姻更為挑剔，有些人甚至對婚姻產生恐懼心理。他們不太願意為愛情付出，他們更愛自己。這樣的人，很難指望他會與你同甘共苦。

　　有些男人的離婚，可能是因為某些特殊原因造成的，例如孤僻的性格、某些奇怪的愛好、有暴力傾向……而這些都不會因為離婚而有所改變。既然他的前妻都無法忍受，你又何必去受這份罪呢？

　　此外，有些離婚男人會因為長期的獨居生活而變得性情孤僻，或許會自覺不自覺地拿你與前任太太比較，或許會因為心裏有陰影而對你倍加提防。

　　所以，對這些離婚的男人，還是要小心一點。

什麼樣的離婚男人不能嫁

離婚男人並非不能嫁，只是要小心一點。在愛上離婚男人之前，至少要明白他是為什麼離婚的。以下四種離婚男人一定不能嫁：

因為有婚外情，在外亂來而離婚的；

有暴力傾向，虐待妻子而離婚的；

因為同樣的錯誤離了多次婚的男人；

對前妻一直念念不忘，藕斷絲連的男人。

天空的幸福，是穿一身藍；森林的幸福，是披一身綠；陽光的幸福，是如鑽石般耀眼；而和你在一起，是我一生最大的幸福。

D頭的愛，當拒則拒不留情

「失去了才懂得珍惜」，這句話是放諸四海皆準的真理，應用在感情上尤其恰當。有些男人就是這樣，當擁有一個女孩時，時間一長就覺得她什麼都不好，不夠漂亮，不夠溫柔，不夠善解人意，不夠大方幽默，總之，能夠挑出一大堆的毛病來。於是，他們毫不猶豫地選擇了離開，去尋找一個優秀的伴侶，可是尋覓了一圈發現，還是先前的女孩好，全身都是缺點的女孩在他眼裏，一下子又變得優秀起來。

這就像大陸劇《愛情呼叫轉移》中，男主人翁徐朗一樣。由於「審美疲勞」，徐朗厭倦了妻子在他下班後永遠穿紫毛衣，吃炸醬麵和吃麵時的吸溜聲，終於忍受不住「七年之癢」的考驗而提出離婚。

在離婚後，徐朗經歷了一段又一段的「豔遇」，有漂亮的，有可愛的，有英姿颯爽的，也有充滿智慧的……在一段一段「豔遇」過後，徐朗的感覺卻很奇怪，他很想念家中炸醬麵的味道，於是在經歷了幾段感情的波折之後，徐朗還是選擇回家吃炸醬麵，看紫毛衣，但一切都已經晚了，前妻已經另嫁他人。

這雖然是誇張的戲劇表現，但卻也是活生生的現實。在現實生活中，很多男人就是喜歡「吃回頭草」，當他們發現原來自己錯過的那個才最好時，就會厚著臉皮回頭重新追求。但並不是所有的女人在面對男人回頭時，都會欣然接受，就像徐朗的前妻一樣，要過自己的人生，要向前看，給自己尋找出路，為自己謀求幸福，而不是等待男人的回心轉意。

所以，對待分手了的男人，聰明女孩當拒則拒，毫不留情。

揚揚和男友是大學同學，大三時他們開始談戀愛，畢業後一起到一個城市工作。如今他們已經相戀快三年了，打算年底結婚。

可是，揚揚和男友分手了，男友說沒辦法忍受她總是嘮嘮叨叨講同一件事情，對她已經沒有任何感覺了。揚揚覺得很委屈，沒錯，嘮叨是自己的毛病，但哪一次嘮叨，不是因為男友丟三落四呢！

不過既然男友選擇分手，揚揚也沒什麼好說的。休息了一段時間，整理好自己的心情，揚揚繼續努力地過好每一天的生活。

正當一切都平靜下來的時候，揚揚收到了前男友的簡訊，「最近好嗎？真懷念你的嘮叨。」

剛剛看到這一條簡訊時，揚揚承認自己有些不知所措，「他是什麼意思？後悔了嗎？還是只想像對待朋友那樣，只是一句問候」。

但是直覺告訴揚揚，這是前男友後悔的信號。

揚揚對前男友並沒有恨意，雖然覺得分手的理由有些莫名其妙，雖然自己也經過了很長時間的「康復期」，但已經能夠客觀地面對前一段感情：既然沒有感覺就不要在一起，勉強也沒什麼好處。

現在前男友的一條簡訊，卻讓揚揚不得不保持清醒，如果前男友想要回頭，想要復合，自己又應該是什麼態度？

揚揚很堅定的回答自己：「不要！」

不要回頭的愛情，選擇分手，的確是因為兩人的關係已經不適合在一起了，而且經過了這段時間的「康復期」，揚揚也漸漸淡忘了對男友的感情。

於是揚揚果斷地刪除了簡訊，沒有任何回覆。

幾天後，揚揚又接連不斷地收到了幾條前男友類似的簡訊，她都選擇了相同的處理方式。

為了避免前男友不斷發來簡訊，揚揚請要好的朋友轉告：自己不想再收到他的簡訊，既然已經決定分手，就請他瀟灑些，不要再干擾自己了。

「揚揚為什麼不親自來跟我說？難道他看不出來我依然愛他嗎？」前男友顧不得那麼多了，在揚揚的朋友面前坦言道。

朋友說：「揚揚的意思是她已經不在乎你了，不管你是否繼續愛著她，她已經不再愛你了，所以就不能再去找她，騷擾她。」

失去後才懂得珍惜，大部分男人會犯這樣的毛病。當全世界最好的、最適合自己的女孩，站在自己的面前時，卻不懂得珍惜，義無反顧地選擇分手，這樣的男人確實不值得挽留。即使他再回過頭來追求你，你也要考慮好，該不該接納他。很多時候，對於不值得愛的男人的回頭，要堅決拒絕，聰明女孩絕不會給他兩次傷害自己的機會。那麼如何拒絕回頭的愛呢？

❶ 冷言冷語地拒絕

用平淡的言語拒他於千里之外，要讓他知道你對他已經沒有感覺，不管怎樣求你，怎樣用曾經甜蜜的記憶喚醒你，你腦海中閃現的，都應該是他如何用惡劣的態度對待你，如何毫不留情地離開你，這時，你就不會再對他有任何眷戀。一直對他冷下去，他就會失去信心，不再糾纏。

❷ 尋找一個擋箭牌

乾脆找一個擋箭牌，不管是真的新男友，還是假裝的「新男友」，拉一個男伴在身邊，如果舊男友還提得出「和好」這類辭彙的話，就毫不留情地告訴他自己已經有新男友，列舉一些新男友的優點，來對比舊男友的缺點，要讓他知道你的新男友，不知道比他好上多少倍，讓他徹底死了這條心。

❸ 列舉男人的罪狀

將男人的罪狀一一列舉，詢問他怎麼能回頭，就算他會回頭，自己怎麼還能夠在同一個地方摔兩次跟頭，在他身上栽倒兩次，要用徹徹底底、不留情面的話語，讓男人知道你徹底的死心，而他完全沒有第二次機會。

戀愛指南

拒絕求愛的方法

（1）但願只是朋友。當一個男士愛上了一個女孩子，在他的心中，肯定不想只是做朋友那麼簡單，所以女性在這個關係定位上，要非常清晰。當跟這個暗戀自己的人見面時，明確地以朋友的態度對待他，絕不可以令他有任何遐想。甚至經常在有意無意之間強調，你們之間只是朋友關係。

（2）直言相告，以免誤會。你若已有意中人，又遇追求者，這位傾慕者是塊頑石，癡情得不得了，那麼婉拒的程度就要稍為升級。首先，你要下定決心，不要對他產生任何同情之心，直接地拒絕他的約會，每次都以不同的藉口打斷他的來電，這種態度跟強硬地說不愛你其實差不多，大部分男人都應該清楚明白的。

（3）借物喻人，委婉回絕。戀愛時，抓住生活中一些特有的事物，將它賦有喻義，也能收到四兩撥千斤之功效，且回絕時應儘量婉轉一些、謙遜一些，讓對方自知其意。

（4）語言真誠而友好地婉言謝絕。語言是表達愛情的一種方式，對方向你吐露心跡，這種真摯熾熱的情感，是聖潔美好的。俗話說：「落花有意，流水無情。」當你無法答應對方

的愛時，重要的是態度應友善誠懇，吐出肺腑之言，讓對方從「細微處見真情」。

愛情短信

　　原諒我將你的手機號碼告訴了一個陌生人，他叫丘比特，他要幫我告訴你；我心喜歡你，我心在乎你，我心等待你。

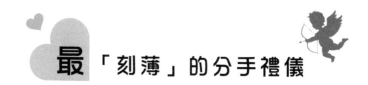

最「刻薄」的分手禮儀

　　女孩本以為他們的這段感情能夠走到天荒地老，女孩猜想著他們最幸福的事情就是一起慢慢變老。但是自己越來越溫柔，而對方卻越來越不把自己放在心上。

　　一天，那個男人突然板起臉孔跟女孩說：「我們分手吧！」女孩做夢也沒有想到，自己深愛的人會突然提出分手，所以她無助地苦苦搖著男人的身體，追問著男人：「為什麼？是不是我做得不夠好，你告訴我，我通通改，千萬不要離開我！」

　　男人很不耐煩地說了一句：「沒有為什麼，就是不愛了。」隨後，男人掄了一下胳膊，狠狠地推開了女孩，沒有任何儀式地邁步離去，頭也不回。而女孩淚水漣漣，望著男人漸行漸遠的背影，留在男人離開的地方掩面而泣。

　　爾後，女孩開始藉酒消愁，絮絮叨叨地說：他為什麼要離開我，他曾經說過要愛我一生一世的……

　　聰明女孩看著悲傷的女孩，不禁憐香惜玉起來：落花流水情去也，你就是哭得天昏地暗，男人也依然回不到從前，天下男人這麼多，為什麼非要活生生地在一棵樹上吊死？

　　「士之耽兮，猶可說也。女之耽兮，不可說也」，先秦的女子便已在《衛風·氓》中，道出了男人的薄情寡義，男人一旦決定離開，走得乾淨俐落，頭也不回，女人就像男人身上的輕塵一樣被輕輕地拭去。女人卻總是戀戀不捨，為一個負心郎肝腸寸斷，一段往事兩行清淚，把自己折磨得痛苦不堪。

　　聰明女孩收到了男人「分手」的通牒後，只是淺淺一笑，抬起媚眼波瀾不驚地說：「這麼快你的信用上就刷到上限了，拿走你無

法兌現的支票吧。」說罷，聰明女孩起身離去，男人望著女人嫋娜的身姿，有些怔怔，有些落寞。

曉旭是個乖巧可人的女孩，杜楓第一眼看到她的時候，就被這種文文弱弱的氣質打動了，決定將她追到手。作為情場高手，追女孩子對杜楓來說，並不是什麼難事，更何況他是個絕頂高手。

果不其然，不久杜楓就把曉旭追到了手。兩人的感情進展很順利，杜楓的浪漫和體貼，讓曉旭感受到了電影情節裏才能體驗到的幸福感覺，而曉旭的乖巧懂事也讓杜楓覺得很舒服，他們兩個人成了朋友羨慕的情侶。

但是好景不長，杜楓開始常常不接曉旭的電話；經常找藉口不見曉旭，說自己「要加班」「沒空」「要跟朋友喝酒」……曉旭覺得杜楓變了，並且心裏有一種不安。

儘管曉旭不願意去亂想，但朋友的眼睛卻看到了真相——杜楓與另外一個女人在酒吧喝酒。

曉旭一百個不相信，找到杜楓問他怎麼回事，杜楓說曉旭是無理取鬧，他們只是普通的朋友，好久沒見了，所以到酒吧喝喝酒、聊聊天。

真的是普通朋友嗎？事情的真相是，杜楓移情別戀了，但是不敢告訴曉旭真相。他知道曉旭性格柔弱，他認為一旦這麼突然地告訴她真相，她會受不了的，不知道會做出什麼傻事，所以出於「好心」，杜楓只能慢慢地冷卻他和曉旭之間的感情，等到曉旭不那麼愛他的時候，再告訴她分手的消息。

對於杜楓的「普通朋友」的托詞，曉旭並不相信，於是常常暗中跟蹤杜楓，想要得到「第一手」的資料。不過每次看到杜楓跟那個女人在一起的時候，兩人總是保持一段距離，如果就這麼跳出來捉「第三者」，他們完全可以狡辯說是朋友關係，而自己還要被扣上「狗仔」的罪名。

終於有一次，曉旭跟蹤杜楓到了舞廳，看到兩個人很親密地跳了一支舞，之後就手拉手沒有鬆開。終於找到了好時機，曉旭出現在他們面前。

「這下你還說是朋友關係嗎？」曉旭冷靜地質問道。

「你怎麼能跟蹤我呢？」杜楓有些不滿。

「那你怎能欺騙我呢？」女孩也一肚子的苦水。

三個人陷入了尷尬的場面，杜楓不得不收拾殘局，「我們分手吧，我們不合適！」說完杜楓有些緊張，他不知道曉旭會陷入什麼樣崩潰的局面，而自己又該怎樣收拾。

出人意料的是，曉旭並沒有發狂，而是冷靜地對杜楓說：「感情不合適了就應該說分手，你這樣偷偷摸摸的算什麼啊？其實我早就發現你不對勁了，但是又沒有確切的證據，也不想無緣無故冤枉你。既然你覺得我們不合適，那就乾脆分手好了，沒必要搞這一套。」

曉旭的每一句話都冷靜而嚴肅，沒有哽咽，沒有留戀，瀟灑得讓杜楓啞口無言。

見杜楓沒有說話，曉旭接著說：「那就分手吧，明天我們把對方的東西收好，找個方便的時間物歸原主。」

在此之前，杜楓向新女友解釋不能馬上公開他們關係的原因，就是「怕她崩潰」，不過就目前的狀況來看，要崩潰的恐怕是他自己了。

曉旭的瀟灑甚至讓杜楓有些追悔莫及，突然之間，發現曉旭除了溫柔以外的魅力，並且感覺不是他拋棄了對方，而是對方拋棄了他。

很多男人在提出分手要求時，嘴上說著「你把我忘了吧」的話的時候，內心卻並沒有真心希望對方將自己忘記，而是希望她們在不糾纏自己的情況下，時時刻刻惦記著自己。這種想法大概是出

於男人們對於虛榮心的要求，他們希望自己被重視、被愛戴，尤其是被自己拋棄的女人惦記，這樣的事情拿出來炫耀，會讓他們備感「幸福」。

不幸的是，很多女人中了這種男人的圈套，她們會默默地思念，不管他們用了多傷人的手段，女人們還是難以忘懷男人的好。就像一首歌裏唱到的「愛你愛到無可救藥，恨你恨得備受煎熬，你的壞你的好，都是我手心裏的寶……」

聰明女孩不是沒感情，也不是不講感情，事實上，她在追求感情時，甚至比其他人更加強烈，但是，她又因強烈而謹慎，知道寶貴的東西需要去珍惜的道理，所以她在面對感情的付出和取捨面前，首先要問問自己還有沒有必要，還值不值得。

戀愛指南

選擇離開的時機

如果一個男人「吃定」這個女人了，不管自己要求她做什麼，怎樣對待她，她都不會有任何怨言。對待這樣的男人，聰明女孩會選擇離開，並且在他最得意的時候離開，毫不留情。

（1）當他堅信「不可能」時。當男人拍著胸脯百分之二百地堅信，你永遠都不會離開的時候，就是用離開來打擊他們自信的最好時刻。將他們認為的「絕不可能」變為「可能」，就會讓他們頓時感覺你的個性和你的重要。

（2）當他不斷發佈命令時。當男人以為自己可以無休止地把女人當成洗衣機、洗碗機、吸塵器……的時候，聰明女孩就會突然罷工，在這一刻把所有的家務丟給男人，讓他們自己想辦法解決吧。

（3）當他重視工作勝於重視你時。當男人沒完沒了地沉浸在挑戰工作的快樂中，卻毫不在意愛情的時候，聰明女孩會選擇離開，讓男人跟工作過一輩子吧。

（4）當他向朋友炫耀時。女友的乖巧懂事，可不是用來在朋友面前炫耀的。如果男人在朋友的面前不停地使喚女人，讓她做這做那，以炫耀自己的女友有多聽話，自己有多厲害，這樣的男人就到了該被警告的時刻了。

愛情短信

再沒有人嘮叨你，你會不習慣。再沒有人向你發脾氣，你會覺得生活太平淡。再沒有人在你面前哭，你會覺得自己不重要。對你只有三個字的傾訴：我愛你，在未來未知的日子裏，我不願意失去你！

Chapter *12*

動點心思：
用智慧抓牢愛情

適時滿足男人的保護慾

看看我們身邊，單身的大齡女孩多是獨立、能力強的人。她們中很多人都不明白，為什麼大方善良，長相也不算難看的自己總是為他著想，卻總是被戀愛和婚姻拋棄？那是因為，太強勢的女人會讓男人生畏的，你力大無比，你才識過人，你事事精明，那還要男人做什麼？

一個女強人講述了愛情的悲劇：

我看中他是因為他忠厚老實，給人一種踏實的感覺。

戀愛兩個月後，我就表明了自己的態度：喂，你給我做丈夫吧！幾乎沒容得他反應過來，我便指揮他粉刷牆壁、買傢俱、購家電……

我的性格外向，辦事大膽潑辣。在公司我以處事果斷、辦事高效率而著名，婚後沒多久我從一名辦事員晉升為業務經理，負責化工材料計畫，工作開始繁忙起來。

丈夫是一家運輸公司的工會幹部，工作倒是踏踏實實，任勞任怨，但總是提不起精神來。我便自作主張，運用所有關係，他老闆才答應把他調到財務科當科長。在任命書下達的前一天，我興奮而故作神秘地對他說：「喂，你一定要好好謝我，我讓你的生活發生一個大變化。」

第二天，他下班回來，面色蒼白，一臉沮喪。我大吃一驚，以為他到手的科長飛掉了。誰知他卻厭煩地說：「以後，你能不能少插手我的事！你知道別人說什麼，說我是吃老婆的奶水長大的。」我一聽火了：「事實如此，你有什麼可指責我的？我一片苦心，讓你混得像個人樣了，你還要怎樣！你想想，哪次提昇、加薪，不是

我為你奔波？你不但不領情，反而還抱怨！」

不久，丈夫病了。前兩天，我不以為然，但第三天我有些急了。畢竟他是我的男人，窩囊一點，並無大錯。我把雞湯端到他床前，當我正考慮是否用勺子餵他的時候，他突然睜開眼，望著我一字一句地說：「我想了三天三夜，咱們離婚吧！」

我大笑：「你總算有了點幽默感，說了句男人話。你喝湯吧！」我把勺子送到他唇邊。

「我說了，咱倆離婚！」這次，他說得鏗鏘有力，擲地有聲，像要用這聲音為自己壯膽。

「啪」的一聲，雞湯碗落在地上。我目瞪口呆：「你說什麼，離婚？！我做錯了什麼？我哪點對不起你？你說，這到底是為什麼？」

萬分憤怒與委屈的我，不知哪來那麼大的力氣，竟活生生的把他從床上拎起來，推搡著。

他告饒般地說：「我只想離開這個家。」聲音帶著幾分哀憐。

我推著他跟跟蹌蹌地說著：「你睜開眼看看，這個家怎麼啦？這房間，這滿屋傢俱，還有你這個窩囊廢，哪一點不是我這些年一點一滴積累起來的？看來，你是討厭了衣來伸手，飯來張口的生活，想去貧民窟當難民吧？要滾就滾吧，帶上你喜歡的東西，快滾，滾出去，喝西北風去！」

一連三天，他走得無影無蹤。起初，我並不著急，一個從不發火的老實人，一旦倔起來，比一般人倔強得多。心想，再待幾天，他會垂頭喪氣地回家。

但這一切都晚了。一張法院的起訴書傳到我的手上，白紙黑字，丈夫向我提出了離婚訴訟。

法庭上，我的身邊站滿了支持我的同事們，他孤零零地站在原告席上。當法官企圖調解時，我很大度地望著他，眼裏充滿寬容的

微笑。我在心中說：「你算是出盡風頭了，弄到這一步，可以收場了。如果你接受調解，我會當面向你道歉，給你一個男人的面子。」

我說：「我同意法官的調解，也願意就我以前的不當之處向丈夫道歉。」

全場的眼睛盯著他，他低著頭，嘴唇嚅動了半天，最後終於吐出幾個清晰的字來「我……堅決……堅決不同意調解。我要……要離婚，離婚！」

我大怒：「離就離！我也反對調解，我同意離婚！」

事態的發展，讓人想不到。

辦完離婚手續，他毫不掩飾地收拾行李，搬到一個公寓裏，那裏住著一個寡婦和她五歲的兒子。不久，他就和她結婚了。

這個出人意料的消息，在我倆認識的所有親朋好友中傳播著。大家共同感到震驚的是：就他？居然也有外遇！

有消息靈通人士告訴我，這個寡婦是位客運公司售票員，她的丈夫是位司機，兩年前死於一場車禍，他是在車上與她認識的。有一天，他出去辦事，上車後才發現口袋裏沒有錢。車上人個個嘲弄他，一個大男人居然口袋裏空空如也，但這位售票員放過了他，並拿出錢讓他回來時坐車，以免被人找麻煩。後來，為了還錢，他來到她家裏，很賣力地幫她換瓦斯，買米……一個丈夫該做的事全做了。

據說，為了讓女售票員調班，他還幾次去與公司主管論理，說得振振有詞，感動了公司主管。從此，女售票員只上白班，不上夜班。

又據說，她家的兒子因年齡不夠不能上小學，又是他七拐八彎託人說服了小學校長，讓孩子上了學。總而言之，他簡直成了寡婦家的樑柱。

男人喜歡被女人需要，覺得那是一件很幸福的事情，他們總是樂於為心愛的女人做任何的事情。所以聰明的女孩要知道，在適當的時候向他示弱，自己明明可以做得到的事情，也要裝著不會做，對男朋友說：「豬豬，這件事情好麻煩，你來幫我好不好？如果你不幫我的話，我一個人肯定應付不了！」哪個男人不願意保護一隻依人的小鳥呢？

男人為什麼喜歡那種小鳥依人的女人呢？因為小鳥依人的女人，藏起了她的力量，掩蓋了她的才識。這樣的女孩聰明就聰明在她會示弱，讓男人覺得自己是高大的、不可或缺的。

男人天生有英雄情結，不管多麼懦弱的男人，都希望在愛的女孩面前充滿力量，以滿足自己天生的保護慾。所以，聰明的女孩不要總以女強人的身分出現，適當在男人面前示示弱，或許就不至於嫁不出去了。

戀愛指南

男人懼怕的幾件事

❶ 怕女人工於心計

從某種意義上來講，男人最怕女人工於心計、過分尖銳。他們喜歡不那麼精明，也沒有那麼多心眼，而是顯得有些「傻氣」的女人。因為她們不太會張揚，只會老老實實，穩穩當當，一心一意地為自己心愛的男人著想。

❷ 怕沒有自由

男人天性需要自由，即便是在愛情生活裏，他們也渴望得到一定的獨立空間。當女人企圖束縛男人，渴望得到全部「擁

有」時，卻常常會異化為男人迅速逃脫的因由。

　　許多男人不情願被女人擁有，即使是對他們的一種關切，漸漸地，他們也會感覺是一種經常性的人格騷擾。最後，就認為是一堵心牆，把他們給堵得死死的了。於是，理所當然地，像被囚禁在任何一種牢獄裏一樣，他們只有一個念頭──逃脫。

❸ 害怕被嘮叨

　　幾乎所有的男人，都不會喜歡整天嘮嘮叨叨的女人。據有關數據統計，世上離婚的夫妻中，差不多有 30% 是因為女人的嘮叨，導致了家庭的破裂，可見女人的嘮叨具有何等的殺傷力。女人一旦當著男人的面嘮叨個沒完，那麼男人所能做的，就只能是掩著耳朵逃之夭夭了。男人不喜歡女人的嘮叨，也可以說男人從心底仇恨女人的嘮叨，因為在女人的嘮叨裏，男人不僅會失去自身的尊嚴，甚至會削減自己的壽命。所以，男人沒有不怕女人嘮叨的理由，更沒有喜歡女人嘮叨的理由。

❹ 害怕孤獨

　　從心理上說，男人十分害怕孤獨和寂寞。單身男人每晚出去喝一杯，或是到朋友家睡覺，並非他喜歡喝酒或是與朋友非常要好，真正的原因是他害怕一個人獨處。於是，已婚男人有充分的理由相信，自己不應再感到孤獨和寂寞。

愛情短信

　　如果還是雨季，我願與你同行！如果已是夕陽，我願與你共賞！如果我有足夠的錢，我願買下所有的玫瑰與巧克力。將我的心和這一切奉獻給你。

讓他掉入你溫柔的「陷阱」

　　女孩，最能打動人心的就是溫柔。溫柔像一隻纖纖細手，知冷知熱，知輕知重，只這麼一撫摸，受傷的心靈就癒合了。

　　溫柔是女人特有的武器，哪個男人不願意被這樣的武器擊倒？許多英雄豪傑在戰場上叱吒風雲，其英勇大有「一夫當關，萬夫莫開」之勢，可是，只要美女們輕輕地亮一下溫柔的劍柄，那些戰無不勝的英雄男兒們就骨頭酥軟，魂飛天外，乖乖地做了俘虜。於是，便有了「英雄難過美人關」的名句。

　　一天，英國女王伊莉莎白與丈夫阿爾伯特親王談話，語氣中有一些居高臨下的味道，阿爾伯特很生氣，獨自一人進了房間，把門反鎖了起來。半天過去了，不見動靜，女王怕老公在裏面悶壞了，心疼地用力敲門。

　　「誰？」阿爾伯特問道。

　　「快點開門，我是女王。」伊莉莎白驕傲地回答道，對方硬是裝聾，不開。

　　過了一會，伊莉莎白又敲門，不過這一次的聲音輕多了。

　　「誰？」親王又問道。

　　「我是伊莉莎白，請開門。」女王說，對方仍不理睬她。

　　女王伊莉莎白靈機一動，溫柔地說：「老公，開門，我是您的妻子。」整日生活在女王影子下的老公，受壓抑已久，聽了如此溫柔的話語，如坐春風，叫他如何不開門，於是忙眉開眼笑地開門說：「進來吧，夫人。」

　　對男人來說，溫柔是酒，只飲一滴，就可回味一生。作為女孩，你大可以在戀愛的時候，發揮你的溫柔，讓那個使你魂牽夢縈

的男人，乖乖成為你的俘虜。

女孩一旦溫柔起來，心底裏深藏的浪漫情愫，立刻就會變成明媚的陽光，把男人融化掉，而男人被女人這種溫柔徹底消融時，情不自禁的本能反應就是仰天長歎：唉，你這個女人呀！

現在生活中，溫柔的力量也是不可抵禦的。

一男孩騎著自行車悠閒地哼著歌，在拐彎處急剎車時，被後面的一輛車撞到了，血氣方剛的他氣極了，想都沒想轉過頭便欲發火，看樣子，不論是誰他都會好好教訓一番。當他回頭看到車上坐著的是個女孩，她正帶著歉意的微笑，用柔情的目光看著他，並不斷地輕聲說：「對不起，對不起，我不是故意的」，他先前的惱怒早已煙消雲散，臉上一窘，轉過頭騎車走了，但仍不忘回頭多看了那女孩幾眼。

也許有人會說：女孩長得不好看，再多溫柔也沒用。林黛玉並不是《紅樓夢》中最美的，薛寶釵就比她漂亮。賈寶玉都認為那串八寶瓔金的手鏈，如果戴在寶姐姐的腕上會更美。可是寶玉還是更愛黛玉，讀《紅樓夢》的男人們也會覺得黛玉比寶釵更可愛。為什麼？因為她比寶釵溫柔，她的嬌嗔、她的嫵媚、她的細膩、她的柔弱無骨，甚至她的弱不禁風，哪個男人面對她的嬌弱會不怦然心動呢？所以，在男人眼裏，她就是最美的。

男人都有一些缺陷，男人天生就大大咧咧，不拘小節，走在街上喜歡看漂亮的美女。作為女孩，不必要刻意追求完美，但為了愛情的幸福，你還須動一番心思，千萬不能以毒攻毒。男人一般既自大又自負，唯有不動聲色地，讓他悄悄掉進你溫柔的「陷阱」。

那麼，怎樣才能讓自己更溫柔更可愛呢？

❶ 柔和

不要一遇到不順心的事情就暴跳如雷、火冒三丈，以柔克剛是女人的最高境界。到了這個境界，即使是百煉鋼也能化作繞指柔。

❷ **通情達理**

這是女人溫柔的最好表現。溫柔的女人對人要寬容，為人謙讓，凡事替別人著想，絕不讓別人難堪。

❸ **善良**

對人對事都抱著好的願望，富有同情心，喜歡關心和幫助別人。

❹ **細心**

男人一般都粗枝大葉，所以他們會被女人的細心所吸引。你不需要做出多麼驚人的舉動，更多的情況下，是你那適時的細心關懷和體貼，最能讓他怦然心動。

❺ **淚光閃閃**

男人常說的那句話：我不怕她凶，就怕她哭。可見，「女人傷心，男人心痛」是個真理，男人總是欣賞那些會哭會笑不做作的真女人，所以，適當地哭泣，向男人示弱，也是向男人展示你的溫情。

❻ **偶爾撒嬌**

粉面桃花，喁喁低語，是多麼令人心動啊！撒嬌是女孩的獨門秘笈，是女人生命裏不可或缺的一個法寶。當你花了很多錢買了二張電影票，準備約男友看電影時，你可以在電話中用孩子般頑皮口吻說：「我是個壞小孩。我買了二張電影票，我如果告訴你票有多貴，你一定會大發脾氣。可是我保證，只要你不生氣，我就吻你一下。」在如此嬌聲膩語面前，哪個男人肯不乖乖就範？差不多女孩都會撒嬌，但撒嬌的前提是必須有人寵愛，撒嬌還要講分寸，注意場合。

❼ 不軟弱

溫柔是需要分寸的。如果溫柔得沒有彈性，那就是愚順，如果溫柔得沒有力量，那就是軟弱。

溫柔似水的女人哪個男人不喜歡？如果遇到了一個好男人，就快快讓他陷入你的溫柔陷阱吧！男人不是剛強嗎，那麼我們就以「弱」化強，做一隻楚楚動人的小鳥，用溫柔來纏住他。纏他的目的很簡單，只是要他三個字的許諾；纏他的期限不長，只要一輩子。

戀愛指南

營造溫柔裝扮的技巧

溫柔的女人不需要穿得多麼高貴時尚，但一定要儀容整潔。每一款服飾都有它自己的特性和適合的人群，要會選擇與自己的外表、氣質和諧一致的服飾。比如文靜清淡簡潔，活潑伴鮮明爽快，灑脫宜寬緩飄逸。內在氣質與外在表現相互襯托、彼此輝映才會讓人感覺「順眼」、「舒服」。如果內外不符，就會有不倫不類之嫌。

化妝不需濃妝豔抹，清淡素雅就足夠了。如果要突出溫柔，可選用粉紅色系列的化妝品。整張臉以淡色為主，就不要用太深或太粗的線條畫眼線，不要塗過重的口紅。

　樹有心眼，西下美女，手扶下巴，人在爾旁，心死相依，言及自己，十件傢俱，白色勺子，子女雙全，又住一起。（謎底：想要把你忘記真的好難）

恰到好處的撒嬌＝原子彈

撒嬌是女孩一種很可愛的天性，已經漸漸成為一種流行，一種時尚。在某個網站上有這樣一個公式：女孩撒嬌＝原子彈，可以想像女孩的撒嬌會有多麼大的威力了。它可以讓相愛的兩個人更加相愛，可以讓鬧彆扭的情人和好如初，甚至可以把兩個準備分手的人重新聚到一起。

撒嬌並不表明女孩的幼稚，它給生活增添了無窮的樂趣。多少年來，男人們為了男子漢的風度，為了維護一種大樹的形象，忍受了多少沉默帶來的寂然，為了虛榮扛起生活的重負，他們又經歷了多少冷漠。透過那深沉凝重的背後，男人有一顆需要慰藉的心。這時，女人撒撒嬌，把強烈的愛，體現在幼稚的言行中，憨態中蘊涵著愛意，讓他們在疲於奔波的生活中，在人生艱難的旅途中獲得輕鬆，感受歡快，這樣一來，生活也就充滿了無窮的樂趣。

撒嬌也不是女孩真的無知。如今的生存環境，讓男人們深藏起喘息的機會，為了事業去拼搏，為了理想而搏鬥，為體現價值，為提高生活品質無休止地付出。他們的感情生活越來越蒼白，精神生活也越來越空虛。作為男人也不能這樣一味地壓抑自己，他們太需要有人去撫弄，去激起朵朵浪花。這時女人撒撒嬌，嬌嗔中透著癡情，讓孤獨沉重的心靈，聆聽一會兒濤聲的澎湃，讓他們久藏心底的靈魂，感受一回暖流的湧動，這樣一來，生活就充滿了無盡的溫馨。

會撒嬌的女人總是特別有女人味，舉手投足間，總會讓男人為之心動，女人總是希望得到男人更多的愛，最好這份愛能夠如一泉水井一樣取之不盡。

不過，能撒嬌的女孩很多，但會撒嬌的女孩不多。會撒嬌的女孩高明之處，就在於會用「巧」字。有些男人是不怕硬碰硬的，但不能抵抗溫柔一刀，尤其當你中意的是那些陽剛十足的男孩時，你不妨用一下「四兩撥千斤」的巧勁兒。

很多女人認為，撒嬌就是將聲音拉高八度，拖長尾音地說一聲就可以，但其實撒嬌是非常有學問的。正如脾氣不可以亂發，嬌亦不可以亂撒。撒嬌太少，男人會覺得女朋友沒情趣，太男人婆；撒嬌太多，又會令他漸漸麻木，失去感覺。

撒嬌不是撒潑，撒嬌要有限度、看場合，不能沒完沒了，該不依不饒的時候絕不手軟，不該的時候也絕不要來勁。

❶ 用點親密的小動作

在他頭髮上粘有東西的時候，細心地幫他拿下來，在他衣領不整齊的時候，順手幫他整整領子，這些只有戀人之間才有的親密小動作，會令他覺得溫馨，像濃濃的暖意烘烤著他的心。

❷ 適當地煽情

露骨地煽情是一種不文雅的挑逗，容易讓人覺得噁心，而適當的煽情卻可以讓人心情搖盪。比如說：「你是我這麼多年談話最投機的一個，也是唯一一個走進我心靈的男人，我喜歡與你在一起的感覺。」

❸ 欲說還休

比如，她希望你陪她外出，嘴裏會說：「待在屋裏悶死了。」她想看一場電影，會說：「那個片子拍得真不錯。」她想出去吃飯，會說：「家裏的飯都吃膩了。」她想討你的喜歡，會說：「你看我今天漂亮嗎？」

❹ 「口是心非」

當女孩兒對她的男友說「我恨死你了」的時候，這其實是說她對他愛到了極點，如果沒有愛便無所謂恨，更談不上「恨死」。當你對女人說「你好漂亮」，她會漲紅著臉，叫你「快滾開」，其實她心裏甜滋滋的，希望你再說一遍。

❺ 明知故問

女人喜歡向男人提問，問題千奇百怪，可是問來問去，大多是「你愛不愛我呀」「你在幹嗎呀」的話題。女人有時還「無事生非」「鬧著玩」似的賭氣，「你在想她吧？」其實是等待男朋友的溫存與愛撫。

當然，撒嬌的方式有許多種，只要我們在現實中細心觀察，就可以學到很多。女人的撒嬌，可以增加感情的「蜜度」，哪怕在男人暴跳如雷時，撒嬌也可起到四兩撥千斤的作用，讓男人「心太軟」，幾乎沒有一個男人可以抗拒得了。

戀愛指南

不要貿然撒嬌

撒嬌不可盲目、不能隨心所欲，要講究時機，不能當成萬能良藥。用得得當，恰到好處，一切遂願；胡亂使用、不講戰術，後果難以預料。

❶ 撒嬌要適可而止

其實向男朋友撒嬌，無非想他用話語或行動來重視自己。如果他已有所表示，那你最好見好即收。要知道得些好意須回手，若取得了甜頭後還不懂得收手，還要繼續撒嬌，一兩次男

朋友可能還會努力討好，但若太過分，仍未知進退的話，只會令他認為你矯情，難服侍，久而久之更會沒反應。所以最醒目的撒嬌，就是懂得收放自如，這樣的撒嬌才可得到最大回報。

❷ 撒嬌要講場合

男人不希望自己的女人在公眾場合撒嬌。因為，在這種場合，男人更注重自己的面子、身分，不希望有一個女人在身邊哭哭啼啼、撒嬌不止。男人都是好面子的，即使他的心軟下來，但是由於身處公眾場合，表面上會依然強硬，不肯低頭。所以，女人撒嬌一般要在私密場合，最好只有你和男人，這個時候，男人沒有了面子的顧慮，你的條件，他自然會欣然同意。

❸ 撒嬌要看男人的心情

有些女人，從小嬌生慣養，動不動就撒嬌使性，這種做法，也習慣性地施加給了身邊的男人。一旦條件得不到滿足，不管不顧，就開始撒嬌，全然不顧男人的感受和心情。當一個人心情不好時，脾氣會比較暴躁，明明是一些簡單的事，也會有很大反應。這就是為什麼有時候簡單的一句話，亦能掀動他們怒意的原因。如果男朋友睡眠不足，精神欠佳，或正專心思考重要事情時，你最好識趣一點，不要打擾他。

愛情短信

古樹撐天枝難覓，懷抱可憐卻無心，趙國有妃不是女，鵝毛輕飄鳥不見，遠去不想囊羞澀，受盡苦難又換友，自稱有人伴君旁。（謎底：對不起我還愛你）

男人要哄，別拒絕美麗謊言

　　沒有一個女人，喜歡別人說自己太胖、身材不好，儘管她的身材確實不怎麼樣。當一個男人違心地對一個女人說，你看起來和某位明星一樣漂亮，即使自己知道他在說謊，也會偷著樂半天。女人不喜歡被騙，但需要謊言。男人也是如此，很多時候需要「謊言」。當一些讚美的話從女人嘴裏說出來的時候，會讓男人有被尊重、被崇拜的感覺。

　　王美霞是一位溫柔善良的女人，什麼都好：對工作，她兢兢業業，業績突出；對家庭，她盡心盡力、無微不至；對老公，她更是好得沒話說，什麼事都能考慮週到，讓他毫無後顧之憂。但就是這樣的一個好女人，讓老公忍無可忍了。

　　這天，兩個人正在吃飯。

　　「真受不你了！」老公突然放下碗筷，賭氣地離開飯桌，一摔門進了臥室。

　　王美霞感到莫名其妙，他這是怎麼了？自己白天在公司做了一大堆的事情，回到家一刻都沒休息，就開始忙著洗菜煮飯，自己毫無怨言，他倒是發起脾氣來了。

　　王美霞越想越生氣，推開臥室的門，看著滿臉怒氣的老公，沒好氣地說：「你發什麼瘋？」

　　「我真的那麼不堪、那麼糟糕嗎？在你眼裏我什麼都不是，怎麼都不好。」老公像洪水般把肚裏的苦水怨言，一股腦地說了出來。

　　「我什麼時候說過你不好了？我剛才不就是說讓你不要飯前喝水，這對胃不好，這不都是為你好嗎？」

　　「是，為我好。」老公惡狠狠地說，「前兩天在樓下的餐廳吃飯，你在公共場合那麼大聲地說我腳臭，結果那個餐廳的服務生，遇到我故意躲著走；上個星期我同事來家裏，你偏要把幫我設計方案的事說出來，好像我自己就是沒本事的窩囊廢。這樣的事還用我給你一一列舉嗎？」

　　「難道我說錯嗎？你本來就腳臭，那個方案的創意，的確是我提出來的啊！」王美霞毫不示弱。

　　「沒錯，你什麼都沒錯！一切都是我的錯，是我太虛偽了。我不應該看著你越來越胖，還誇你身材好，變豐滿了；我也不應該看你從不化妝，還對你說這樣自然更好；你做的飯很不好吃，我也不應該說好吃，還死撐著吃完……」

　　「你……太過分了！」王美霞不知是生氣得說不出話來，還是被反駁得無話可說，狠狠地關上了房門。

　　王美霞坐在客廳的沙發上，想著剛才老公說的那些話，想：是不是自己真的做錯了什麼？

　　女人說真話固然沒有錯，可有時候男人需要的是一句謊言，尤其是能維護他「面子」，可以讓他得到被尊重感的謊言。

　　當有男人問你自己的髮型帥不帥，自己的氣質是不是很脫俗，也許他髮型不倫不類，氣質俗不可耐，可是如果你不經過任何語言的潤飾，就把事實告訴了對方，對方肯定會記恨你的。聰明的女人會杜撰一個美麗的謊言，告訴他：你的髮型比以前帥多了，你穿這套衣服顯得很有氣質。

　　也許有人認為說謊是不厚道的行為，可是你非要實話實說，很直接地對一個長相比較對不起觀眾的男人說，長得難看不是你的錯，但是再出來見人就是你的不對了，這不等於讓人家去跳樓嗎？

　　為了處理好和男人的關係，為了在一起能夠幸福，很多時候，女人不得不講一些謊言。以下的七大謊言，每個女人都要能在合適

的時候，拈來就用。

謊言之一：我不介意你看美女

　　一個女人，儘管沒有沉魚落雁之色，閉月羞花之容，也希望男友的眼睛總是老老實實守候著自己，從一而終。一旦男友的眼珠「走私」，盯著別的女人看，你怒從心頭起，想盡辦法將男友的視線拉回來。其實，你完全不必當眾翻臉給他難堪，最好的辦法是說一句言不由衷的謊言：「我不介意你看別的女人，我也喜歡看帥哥嘛。」和他在一起時做出誇張的觀望態勢，全天候掃描過往的帥哥，他在感覺到有些醋意的時候就會收斂了。

謊言之二：我不介意你有沒有錢

　　現實中，不少人少年得志，腰纏萬貫，房子、車子、金子都有了。可你的男友或老公，還只是一個囊中羞澀的上班族。你愛上他，不是因為他的存摺，而是因為他的本身。因為他健康、勤奮、幽默、善解人意而又忠實可靠。你選擇他是因為你認為他是潛力股，他會富起來，可現階段他的確沒有給你買房、買車的能力，如果你常常打擊他不如某某，他可能會感到自卑，甚至一蹶不振。此刻，無論你多麼希望他能富裕起來，也要編出一個美麗的謊言：「我真的不介意你現在有多少錢。」

謊言之三：你自己就是最好的

　　每個女人都希望，自己的男友或老公像阿諾一樣，有一身發達的肌肉，像裴勇俊一樣有一張英俊的臉，像周潤發一樣有風度，但是如果你把自己的真實想法告訴他，無疑讓他自慚形穢、傷心鬱悶。不妨告訴他，你喜歡他軟乎乎的啤酒肚，因為它讓你在冬天感覺到春天般的溫暖。總之，愛他，你就告訴他，你欣賞他的一切，他的缺點就是他的特點。

謊言之四：我願意幫你收拾殘局

　　男人最大的特點是懶，男人住處最大的特點是亂。對於一個你中意的、剛剛建立關係的男人，一定要表現出你的溫柔體貼，並裝出很懂事的樣子說：「你房子有點亂哦，我來幫你收拾東西吧。」然後欣然地幫他打掃、洗刷亂放的餐具，儼然一副非常喜愛做家務的樣子。這樣男人往往會有家庭般的溫暖，並且在你不在的時候更加想念你。當然，這樣的好景不必長久，當他對你開始依賴後，你再慢慢培訓他，讓他動手做家務。在日常生活中，不妨時常告訴他：「別像個小孩一樣亂丟東西。」

謊言之五：你是對的

　　有的男人出類拔萃，可總有些盛氣淩人。如果你的男友或老公是這樣的人，例如在和你談天論地的時候總是喜歡爭論，而且一定要分個高下，但從不甘拜下風，甚至在公共場合會突然提高音量，為了電影中某個角色的演技高低和你較勁，你不願意和他在一些無傷大雅的問題上大費口舌。此刻，提高音量和他針鋒相對，顯然是不明智的做法。你需要給男人一點面子，哄哄他「你是對的，說得蠻有道理的。」暫時的退讓，只是為了日後更好地取用，你終有一天會讓他輸得心服口服。

謊言之六：我愛你的家人

　　當你戰戰兢兢地踏入他的家門，拜訪他的父母時，幸運的話，會得到友愛的眼神，否則看到的可能是他母親眼中的敵意，彷彿你是殺上門來的情敵，而他卻渾然不知，還傻乎乎地認為，你和他母親都是他最親的人，所以你和他的母親能夠互相愛護。如果你直接說出不喜歡他的家人，就有可能傷害他的感情，從而影響到你們兩人的關係。所以，如果他問起，你不妨真誠地告訴他：「愛屋及烏，我愛你，也很喜歡你家人。」千萬要避免因家人發生衝突。有

過很多年的為人媳婦經驗的女人總結說，對他的家人要友愛，落實到行動上就是：少見面，多送禮。

謊言之七：我喜歡體育運動

　　幾乎所有的男人對體育都有一種狂熱，女人永遠無法理解。他總是一下班守著電視看比賽，目不轉睛，看得眉飛色舞。如果你告訴他，你也喜歡運動，並且坐下來陪他看看足球，你就能夠迅速地殺入他的世界。如果你不喜歡體育，受不了他每天一有時間就看籃球比賽、足球雜誌，而忽視了你的存在，就可以對他說：「我愛運動，特別愛和你一塊兒運動。」接著你就拉著他去公園慢跑，或陪他去游泳，順便逛逛街。如果他要是不去，你就一針見血指出他是光說不練的偽運動迷，男人臉上掛不住了，也就依你了。

戀愛指南

如何哄好發怒的男人

　　兩個人在一起的時候，他有沒有被氣得臉發紅，甚至說想揍你一頓？如果有，證明他發怒了，那麼如何向他賠禮道歉，哄他開心呢？聰明女孩從他的性格著手，藉其弱點降服他。

　　水瓶座男人非常古怪，永遠搞不明白，當你認為該為某件事大發雷霆時，他卻一副滿不在乎的樣子，而有時你覺得這是一件雞毛蒜皮的小事，他卻一個人在那氣個半死。所以，感覺到他在生氣時，不要理他，因為連他自己都不知道為什麼發火，不如讓他自己先冷靜一下。

　　雙魚座男人比較多愁善感，每次生氣他都選擇傷害自己的方式，絕對不會對他周圍的人發脾氣，只會生悶氣，或說一些

賭氣絕情的話。所以，雙魚座男人生氣時，你千萬不可以相信他說的話，不管他說什麼，都體貼地關心他，他的氣馬上就會消。

牡羊座男人一旦生氣，有如火山噴發，不管三七二十一，如果你正巧在場，一定要以最快的速度離開他。重要的是，在他氣頭上，千萬不要與他爭辯，這是徒勞的，可能會火上澆油。不如等他冷靜後，再嘗試與他溝通。

金牛座男人做什麼事都慢吞吞的，生氣也不例外，等他緩和情緒往往需要很長一段時間。你只要自己冷靜，再等他冷靜，就萬事 OK。

雙子座男人脾氣好，很少生氣，即便生氣了，也沒什麼大不了。你要分散他的注意力，不讓他再想到生氣的話題，一切都會很簡單。

巨蟹座男人有點悶，即便心中波濤起伏，怒氣衝天，但從他的臉上你絕對看不出端倪。他一生氣，你可千萬別一走了之，要慢慢地開導他，這樣才會解開他的心結。

獅子座男人很霸氣，他一生氣真像獅子大吼一般，非要把事情弄到全世界都知道不可，不管錯在不在你，你最好先向他道歉，事情過後，他的豪爽會讓一切都好辦。

處女座男人一般不會直接和你發火，如果他一會兒嫌你杯子洗得不乾淨，一會兒又怪你地拖得太久的話，那他一定是在為別的什麼事生氣。此時最好的辦法就是裝作沒聽見，等他發覺沒人理會他時，就會漸漸消氣。

天秤座男人是個脾氣溫和的好好先生，但其實在他隨和的外表下，隱藏著一顆怕得罪別人的懦弱心，所以很少見他發脾氣。你真惹他生氣了，很簡單，撒個嬌，他立刻就消氣了。

天蠍座男人生氣後，最好的方法就是你要誠懇地一再認

錯，而且保證不再犯。實實在在承認過失，不做任何掩飾及辯解。

　　射手座男人，一旦生起氣來，可是口不擇言，會抹掉以前一切美好的東西。你也不要去爭辯，不然可就糟了，他也許會大罵一通後，拋下滿臉錯愕的你，頭也不回地揚長而去。

　　摩羯座男人，標準的「悶葫蘆」，就算他再生氣，看起來都還好。雖然從表面上看來沒那麼生氣，其實他心中早如即將爆發的火山一樣；如果你還是不知趣，堅持要他聽你的，一旦火山爆發，後果不堪設想。

愛情短信

　　我不知道流星能飛多久，值不值得追求；我不知道櫻花能開多久，值不值得等待；但我知道你我的愛像恒星般永久，值得我用一生去保留。

遠距離的戀愛，速戰速決

　　俗話說「距離產生美」，這是說戀人之間需要適當的距離。但如果戀人之間長期處於較遠的空間距離，無論之前兩人的戀愛關係多麼穩定，分離後離得越遠，越會因為空間距離，而導致戀愛關係的破壞。因為彼此的目光可能轉向了自己身邊的人，哪怕兩人都堅信「兩情若是久長時，又豈在朝朝暮暮」，但空間的距離，仍然會成為戀愛關係的巨大障礙。

　　因為戀人不在身邊，就會產生不必要的擔心：他（她）已經不似從前愛我了，他（她）是不是另有新歡呢？此外，戀人間的交流，並非完全依靠語言上的溝通。眼神中的深情，表情上的關切，都會因為距離而阻斷。

　　距離遠的戀人不但心理成本較高，而且會產生不安，缺少安全感，不知道兩個人以後會怎麼樣發展，缺少將關係維持下去的信心和期待。

　　異地戀看似簡單，實則艱難。異地戀大致有兩種情況，一種是原本在一起的戀人，一方因為工作、求學、遷移等原因離開另一方，但戀愛關係繼續維持；另外一種是原本就不在一處的兩個人，因為某種原因而相識相知，直至建立起比較穩定的戀愛關係，她們身處兩地，但是維持著戀愛關係。

　　找到平衡點是一段遠距離戀愛，穩步發展的關鍵所在。是的，你愛他或她。但是如果你把你所有的時間，花在計算你有多想他或者她的話，那將影響你的情緒，也將讓你變得更加無趣。

　　為了找到平衡點，讓我們開始看看幾種維繫遠距離戀愛的方法吧。

❶ 在週末一起看 DVD

即使你們分隔兩地，仍舊可以在同一時間看同一部租來的電影。至少，在看完以後，你們兩個能夠聊一些關於這電影的東西。無論你喜歡與否，無論你如何給各個不同角色定位，說到底，這也是個聊天的話題。

❷ 共同完成一個計畫

我的一個朋友在北京工作，而他的妻子生活在美國。他們訂了婚，並且都在為擁有共同的美好未來而努力工作。他們剛買了一所住宅，而且正在想如何來裝潢它。並非真的把各種各樣的材料傢俱搬回家（這樣子可貴著呢），他們拿出手機，「哢嚓哢嚓」地拍下照片，為它們標價，再把這些照片貼到網路相簿上，或者建立一個博客，把它們貼在博客上。這下，你們兩個就都會忙於尋覓夢想中的傢俱了。

❸ 要常用 SKYPE 和 MSN

溝通是建立任何保持良好關係的戀情的關鍵。只要條件允許，就應該立即和你的愛人溝通，如果沒有時間，最多也只能稍微拖一拖。Skype 提供了快捷的寬頻連接，以及良好的中央處理器，使人們能夠更快地在網際網路上與任何人通話，而且還是免費的。如果你不能進行語音聊天，那麼你該用 MSN 或者即時聊天工具中的一種，來與你的愛人保持聯繫，並且時刻關注著他/她。既然現在的通話無須付費，而且聊天工具又使對話如此及時，還有什麼藉口來對溝通說不呢？

❹ 腳踏實地、一心一意地戀愛

不需要再強調這一點的重要性了。大多數剛抵達一個新城市的人會突然發現，他們周圍都是新的事情、新的人。這會誘惑人，讓

人會有嘗試新鮮事物的想法。要抵制住啊！你要告訴你自己，你正處在一份完美的戀情中，也不應該讓自己陷入不好的處境，要腳踏實地一心一意地戀愛。

❺ 記住你們的紀念日和那些「第一次」

忽視這一點，你將會吃苦頭，而如果你忘記某一個紀念日，那你就慘了……你應該把紀念日都寫下來、列印出來，把它們深深刻在你的腦海裏，但同時，你也要記得你自己在意的那些紀念日和你自己的生日。為什麼要這麼做呢？呃！其實為那天計畫一下，紀念日就會變成一年中你們最關注的日子，因為它成為令你們期待的東西。你甚至可以通過郵寄送給他/她禮物，給他/她一個驚喜。

❻ 不要忘記寫日記

沒有被寫下來的東西，是不能被銘記於心的。你們都是年輕的、有事業心的人，各自有自己的生活。你們得為你們的思想和情感變化作下記錄，使得你們的夢想和希望留下痕跡。你可以進行塗鴉，也可以隨便寫寫，把你們的回憶用特殊的方式記錄下來，這樣你們就能分享這些東西。關鍵在於年華似水，有時候你會忘記你曾經是怎麼樣的，或者為何你和眼前人在一起，日記能幫助你、提醒你。

❼ 最後，信任彼此

一段戀情中最重要的事情是信任對方。要相信你的愛人所做的是對的，也要相信你所做的是對的。你要認識到，每一對戀人都可能遇到意想不到的問題或困難，他或者她可以在任何時間、任何地方說謊，因為說到底那是他們的選擇。我們所能做的，就是盡可能地做一個在遠方的最好的自己。

戀愛中常犯的傻事

（1）臉色給他看無濟於事。男人工作已有許多壓力，沒有義務回家還要看你的臉色哄你開心。對方性格上會有缺點，生活細節會與你不同，令你不滿意，但他怎麼可能是完美的？在你面前，他要放下面具，做回自己，做個普通人。寬容是對待婚姻應有的態度，適度地容忍和體諒對方，是維護婚姻和愛情的重要法則。

（2）他受人尊重你才有面子。男人對自己的尊嚴看得比什麼都重要，不管在私下他有多麼寵愛你，多麼怕你，在人前一定要給足他面子，讓他做一個真正的男子漢，他肯定不喜歡朋友們開玩笑取笑他怕老婆。除非他有足夠強大的後盾和高高在上的身份，可是，我們大多是普通人呀。

（3）男人自信才可能有出息。男人大多喜歡吹牛，你別戳破他的這個小把戲，他們這樣做，可以讓自己得到一點力量，找到一點自信，好繼續在人生征程上拼搏。虛擬的成就感能讓他心情明朗起來，沒人喜歡自己一無是處。和丈夫在一起，做愛是身體的放縱，談話是心靈的放縱，只要愛人能得到快樂，輕鬆一點裝傻一下，幫助他找到一點自信，有什麼不好？

（4）偷看路邊的美女無所謂。男人骨子裏全喜歡美女，看到美女會目不轉睛或回頭行注目禮，你別認為那是他不愛你，也別認為那是他好色的表現。愛看美女是男人的本能，與品格無關。何況，愛美之心人皆有之，你難道沒偷看過帥哥嗎？

　　（5）真情真愛無價。女人不要太虛榮功利，物質的追求是無止境的，你為自己而活，不是活給別人看的，鞋子合不合腳只有自己知道，舒服最重要，其他的都是裝飾，是虛設。何況俗話說：千金易得，有情郎難尋。真愛無價，情義無價。

　　在愛情的世界裏，我一無所有，也一無所知，在情感的小站裏，我願你是第一位來客，也是永遠的主人，伴著你、寵著你，一生一世！

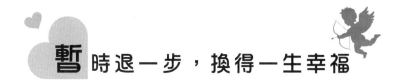

暫時退一步，換得一生幸福

　　牙齒和舌頭尚有打架的時候，何況是天天相見的男女。戀人之間發生爭吵是正常的，也是不可避免的。其實，很多時候戀人間爭吵不需要什麼理由，多半是由於其中一方身心不舒服。例如，男人在一整天工作後，精力透支感到最疲勞時，或者女人在生理週期時。這時候吵架只是一種情緒的發洩，突然間芝麻小事都看不順眼，沒理也要找理說。

　　事實上，比起那些從不吵架相敬如「冰」的情侶，經常吵幾句的情侶，感情反而更深。據說，那些從不吵架的情侶，一旦決裂就不太容易復合，而且一旦翻臉，彼此出手都不會留情分。所以說，感情愈好愈親密的情侶，愈會有爭執，想一想，情侶間拌嘴還是比較合乎人性的，並且有更多生活情趣和回憶。

　　不過，情侶吵架多少有一點兒風險，很多情侶只是小吵一番，最後陰錯陽差搞到假戲真做，甚至分道揚鑣，這種無心悲劇到處可見。所以，要想讓吵架變成甜蜜的回憶，還需要一點兒小心機。

❶ 不要擊中要害

　　當兩人的爭執變得白熱化時，人們常用的策略是攻擊對方的弱點，傷害對方的自尊。例如，如果你明知道對方的工作能力一般，卻在爭論中攻擊他不能幹。

　　在爭執中攻擊伴侶的弱點，無疑是最差勁兒的事。這些攻擊會產生許多不好的感覺，而這些感覺在爭執結束後，仍然會持續很長時間。

❷ 不要唱高調

　　在爭吵中，人們常常會將手頭的問題棄之不顧，而奮力討論誰更好、更溫和、更體貼。弄清楚誰更好有那麼重要嗎？

　　在大多數情況下，當爭論的焦點從一個具體問題，轉移到你或他誰更高尚的爭執上時，沒有人能贏得勝利。

❸ 確保雙方都能接受

　　對於爭執有不同的解決辦法。有些爭執便於折衷，有的最好以有利於一方的方式解決。然而更多的爭執沒有明確的結果——它們可能會一而再、再而三地重複出現。

　　你們兩人都必須能夠接受爭論的結果，否則最終將會有人感覺到憤怒和怨恨。

❹ 堅持就事論事

　　如果你能避免個人攻擊，或專注於自己想要完成的事情上，你就很有可能讓伴侶以你的方式看待事物。

　　例如，如果你不喜歡他遲到，不要說，「你完全不為別人考慮。」不妨試著說：「如果我們能早幾分鐘到達，我會感覺更放鬆，也會過得更好。下次我們能不能這麼做？」

　　如果伴侶沒有感到受攻擊或被迫自衛，他很可能會積極地回應你。

❺ 不要讓吵架失去控制

　　運用傷人話語的時候，不要讓吵架失去控制。許多爭執的起因是無心的評論或批評，然後它們升級了。你們知道彼此最脆弱的弱點，所以可以輕而易舉地攻擊它們。面對攻擊，每個人的自然反應是回擊，然後一場口水大戰爆發了。

你應該試著問問對方，「真正困擾你的是什麼？你的老闆是否仍然在那項工作中給你過多的壓力？」你可能會很吃驚地發現令他煩惱的事，其實跟你關係不大或一點關係都沒有。

❻ 試著換換位置

在爭論中只關注自己的觀點，而忽略伴侶想要說明的問題，是很自然的事情。這樣做相當於自言自語，結果必定使你們不能以令雙方都滿意的方式解決問題。

試著換換位置，看看你是否能令人信服地論證伴侶的觀點。如果你們都能做到這一點，你們就會真正懂得對方的觀點。

總之，聰明的女孩在和男友吵架中，會做到心中有數。吵到一定程度，如果再吵下去只會兩敗俱傷，不如算一算，先讓一步，讓男人消了氣再曉以大義，以維護得來不易的感情。男人比較愛面子，因此，即使他錯了也不要落井下石，得理不饒人。聰明的女孩，會偷偷地給男人一個面子，相信他私底下會感激你的。

不過，大部分女人都會情緒化，她們能瞬間狂風暴雨般地捲起巨浪，也能瞬間水波無紋、風平浪靜。事實上，很多時候，遇到發飆的女人，往往都是男人自覺有理難說清，先知趣地讓一步的。

然而，雖然女人都會發飆，但聰明女人吵完架後，卻會有別樣的處理方法。這時她會自己先讓步，先道歉：「剛才是我不對，我太情緒化了。」當然了，她也許並沒有認為自己是錯的，但是她知道，情侶間的吵架根本就沒有誰是誰非，就像是一道沒有標準答案的辯論題，大家各自表述，各有立場和想法。因此，在口頭上先讓步，先創造一個良性循環的起點，才能化大事為小事，化小事為沒事。

相反，愚蠢的女人就是不肯讓步，越是在節骨眼上，或是小到用顯微鏡放大才能看到的細節上，她們越會堅持己見，固執地認

為：「我才是對的，是你不對。」她們將吵架視同作戰，不是你死就是我活。其實，戀人間吵架，不在於說理辯論或審判誰對誰錯，而是一種情緒的互動。透過這種互動，兩個人的性格和內在，都會更貼近，從而能進一步調整自己的性格和步調，來適應對方。

現實生活中，很多女孩想不明白這個理。為了證明自己是對的，為了證明對方是錯的，最終她賠掉了感情，賠掉了本該到來的婚姻。戀愛中的女孩，聰明一些，理智一些，不要因為一次小小的吵架，就毀了幸福的愛情，很多時候適時地退一步，就會換得一生的幸福。

戀愛指南

婚前的實用建議

快要結婚了，你們之間卻出現了爭執。這時，你不妨先告辭回家，寫一封長長的 E-mail，把你面對的問題清楚地告訴他。書面往往更能準確明瞭地表達感情，這比當面對質，非要立即分出個青紅皂白來要強得多。

關於喜宴，關於婚紗，關於新房佈置……你是不是被大小事務壓得喘不過氣來，時刻想爆發？那就拋下一切，一個人出去玩幾天吧。千萬別硬著頭皮處理諸如喜宴選什麼甜點之類的事項，承擔那些不情不願的職責，只會把事態推向惡化。

很多女人對未來的家庭理財，完全沒有概念。但是婚前的財產公證，和預先列出正確的婚後開銷計畫非常重要，這能減輕一部分不安全感。

即使裙擺夠長，也穿上優雅的高跟鞋，從內到外，為自己的婚禮做足滿分。別模仿茉莉亞·羅伯茲，在婚紗裏穿著球

鞋，因為一時的衝動就拔腿而逃。

世界上只有一個名字，使我這樣牽腸掛肚，像有一根看不見的線，一頭牢牢繫在我心尖上，一頭攥在你手中。

國家圖書館出版品預行編目資料

　　戀愛心指南：學會戀愛，收穫幸福／白山編著. -- 初版. -- 新北
　　市：菁品文化, 2013. 06
　　　　面；　　公分. --（Turn.com；46）

　　　ISBN 978-986-5946-70-8（平裝）

　　1. 戀愛　　2. 生活指導

544.37　　　　　　　　　　　　　　　　　　　　102007731

Turn.com 046

戀愛心指南：學會戀愛，收穫幸福

作　　　者　白　山
發　行　人　李木連
執 行 企 劃　林建成
封 面 設 計　上承工作室
設 計 編 排　菩薩蠻電腦科技有限公司
印　　　刷　普林特斯資訊股份有限公司
出 版 者　菁品文化事業有限公司
　　　　　　地址／23556 新北市中和區立德街 211 號 2 樓
　　　　　　電話／02-22235029　傳真／02-32348050
E - m a i l　jingpinbook@yahoo.com.tw
郵 政 劃 撥　19957041　戶名：菁品文化事業有限公司
總 經 銷　創智文化有限公司
　　　　　　地址／23674新北市土城區忠承路89號6樓（永寧科技園區）
　　　　　　電話／02-22683489　傳真／02-22696560
網　　　址　博訊書網：http://www.booknews.com.tw
版　　　次　2013年6月初版
定　　　價　新台幣280元　　（缺頁或破損的書，請寄回更換）

I S B N　978-986-5946-70-8
版權所有‧翻印必究　　　　　　（Printed in Taiwan）
本書 CVS 通路由美璟文化有限公司提供 02-27239968
原書名：會談戀愛的女孩最幸福